ゲーム・チェンジャーの競争戦略

ルール、相手、土俵を変える

内田和成＝編著

日経ビジネス人文庫

はじめに

いま、業界そのものが消えてなくなったり、あるいは他の業界と融合してしまったりする事態が、そこかしこで起きています。

あなたの事業も、いまのままの形態で将来も安泰だといいきれますか。

もはや当たり前となった、業界の垣根を越えた顧客の奪い合い（異業種競争）。販売チャネルやコスト構造、得意とする技術や業態、ブランドイメージがまったく異なる相手と戦う場面は増すばかりです。

本書は、そうした戦いのなかで、競争のルールを破壊している企業（プレーヤー）の戦い方にフォーカスします。それまでの業界のルールを覆してしまうプレーヤー「ゲーム・チェンジャー」が、本書の主役です。

クラウドサービスに起きた価格破壊

異業種競争は、これまでの競争戦略では説明できません。従来の競争戦略は「同じ業界内での競争」を前提としたものであり、そこで起きる新規参入や取引先との力関係を説明したものだからです。

これまでの競争のルールが通用しない例を紹介しましょう。

2018年現在、世界最大のサーバー貸し出し事業者は、アマゾンです。同社が提供する「Amazon Web Services（AWS）」はクラウドサービスにおいて世界で最も大きなシェアを占めています。そして、それを追いかけているのがマイクロソフトやグーグルです。

かつて、サーバー貸し出し事業ではIBMやヒューレット・パッカード（HP）などのハードメーカーが主役でした。では、短期間に、なぜ、主要プレーヤーが入れ替わってしまったのでしょうか。

理由は、アマゾンやグーグルが、世界中に展開している自社のデータセンターやそこに置いてあるサーバーをユーザーに貸し出すというサービスを始めたからです。

アマゾンやグーグルはすでに自社で巨大な設備を持っており、その一部を中小企業などに貸し出すのです。そのため、ゼロからの投資ではありません。むしろ、外部に貸し出すことで、設備投資においては「規模のメリット」を享受できます。

また、外部に貸し出すことで需要を平準化できるため、より効率的に運用することができるようになります。こうした利点を活かして、アマゾンは、きわめて安価なクラウドサービスの提供を始めたのです。これが中小企業などのニーズをとらえ、シェアが急伸しました。

余っている設備の有効活用ですから、安いに決まっています。着々と実績を積んだ結果、大手ユーザーの信頼を勝ち得て、いまではNTTドコモやソニー銀行などもユーザーになっています。

しかし、これは、既存プレーヤーであるハードメーカー側からすると「価格破壊」です。しかも、ハードメーカーは、アマゾンのように自社で巨大なデータセンターを抱えているわけではありません。そのため、アマゾンと同じような戦い方——安価に貸し出すといった手法を取ることができずに苦しんでいます。

これまで十分な利益を享受していたビジネスに、まったく異なる世界から価格破壊者が現れて、競争のルールが一変してしまったのです。

常識を覆す自動化倉庫

さらにアマゾンは、自社の倉庫でも、新たな仕組みをつくり上げようとしています。それは、「ロケーション管理」という考え方がない、まったく新しいタイプの自動倉庫です。

ロケーションとは、倉庫内の保管場所を示す住所のようなものです。通常は、倉庫内で欲しいものをすぐに探し出せるようにするためにロケーションを決めて、エリアごとに似た分野の商品をピッキングしやすいように管理する必要があります。

しかし、アマゾンの自動倉庫では、まったくそうした管理がされていません。同じモノが複数の場所に別々に置かれていることもあります。似た分野の商品をピッキングしやすくするためのエリア分けもされていません。

その代わりに、コンピューターやロボットによる自動化が徹底されています。たとえ複数の場所に同じモノがあったとしても、自動的にそれらを集めてきて出荷できるようになっているのです。

これは、従来の倉庫業の常識を覆すものです。この仕組みであれば、熟練者でなくても誰でも倉庫管理に携わることができるようになります。

また、アマゾンでは、こうした仕組みを武器にして、在庫保管や受注、配送業務などの請負サービスをすでに始めています。将来は、前述したクラウドサービスのように、既存の物流業や倉庫業の競争のルールを破壊してしまう可能性もあります。

ゲーム・チェンジャーvsゲーム・チェンジャー

カメラ業界や音楽業界のように、短期間に2度の「ゲームチェンジ」が起きた業界もあります。業界のルールを破壊したゲーム・チェンジャーに対し、さらなる新手のゲーム・チェンジャーが戦いを挑んでいるのです。

たとえば、デジタルカメラがフィルムカメラに取って代わったのは2003年ごろです。しかし、いまでは、スマートフォン（スマホ）がそれに取って代わっています。デジタルカメラの天下は、わずか10年超でした。

こうした変化に伴い、当然、主要プレーヤーも入れ替わります。残念なのは、フィルムカメラやデジタルカメラの時代には、多少入れ替わっても日本企業が主役だったのに対し、スマホでは日本企業はマイナープレーヤーで、いまやその存在すら風前の灯だということです。

音楽業界でも同様な変化が起きています。レコードやCDの時代にはレコード会社が業界の主役でしたが、２００３年にアップルのiTunesによる音楽配信が始まると、主役はＩＴ企業になってしまいました。メーカーから流通に支配権が移ってしまったのです。

しかし、そのiTunesの天下も長くは続きませんでした。Spotifyに代表される「ストリーミング」が音楽流通の主流になりました。音楽をＣＤやデジタルコンテンツのかたちで購入して手元に置き、それを好きなときに聞く方法から、クラウド上にある音楽を好きなときに聞く方法へと変わったのです。

さらには、グーグルやアマゾンが、自社の顧客を囲い込むための手段として音楽や映像のストリーミング・サービスを始めたことで、競争はますます激化しています。

文庫版の発行にあたっては、こうした視点から、一部の事例のその後をアップデートしました。

新たな勝ちパターンをつくる

このように、いつどんな手法で誰が攻めてくるかわからないのが異業種競争です。

新たに持ち込まれた戦い方が競争のルールを破壊してしまえば、それまでの企業の勝ちパターンは簡単に失われてしまいます。

しかし、新たな勝ちパターンをつくるという側に立てば、新規事業やイノベーションを起こすための視点を持つことができます。自社の事業領域をさらに広げたいと考えている人にとって、いま起きている戦いはチャンスです。

一方、既存企業にとっては、自分たちにどんな競争相手が出現し、どんな競争を仕掛けてくるのかを理解することで、どう対抗するのかといった防衛戦略を取ることが重要です。本書は、攻める側だけでなく、攻められる側——既存プレーヤーの戦い方にも注目しています。

事業を飛躍させるために、そして、より強固な事業モデルを構築するために、ぜひ本書を活用していただきたいと思います。

2018年10月

内田和成

ゲーム・チェンジャーの競争戦略——目次

第1章

新たなゲームのはじまり──激化する異業種競争──

第2章

相手の儲けの仕組みを無力化する　秩序破壊型

第3章 顧客が気づいていない価値を具体化する——市場創造型 105

第4章 新たな事業モデルをつくり出す ビジネス創造型 —— 145

第5章 バリューチェーンを見直す プロセス改革型 ―― 177

第6章 既存プレーヤーはどう対抗するか――213

第１章

新たなゲームのはじまり

——激化する異業種競争

競争の土俵、相手、ルールが変わる

任天堂時代の終焉

２００７年度、08年度の2年連続で日本一の優良企業と認定されたのが、任天堂です（日経優良企業ランキング）。実際、当時の任天堂の業績は、日本一にふさわしいものでした。07年度は売上1兆6７００億円に対して営業利益４８７０億円、08年度は売上1兆８４００億円に対して営業利益５５５０億円を記録しています。

ところが、その史上最高の業績を誇った08年からわずか3年後の11年度には、売上が６５００億円まで急減し、営業赤字に転落してしまいました。残念ながら、その後は3期連続の営業赤字という不名誉なことになっています。

どうしてこんなことになったのでしょうか。それは、任天堂がゲーム機の開発に失敗したとか、ゲームをする人たちが激減したからではありません。むしろ世の中を見渡せば、ゲームを楽しむ人たちが増えています。街中を見渡せば、電車のなかや電車を待つあいだ、あるいはカフェで、学校で、場合によっては職場ですら、ゲームに興じている人の数は確実に増えています。

しかし、「ゲーム専用機」を使ってゲームをする人の数や時間は大きく減少していますその代わりに増えているのが、「携帯電話やスマートフォン（スマホ）」でゲームを楽しむ人たちです。

任天堂は、こうした動きに後れを取り、自らの売上を大きく失うことになったのです。とはいえ、任天堂がこうした変化に気づいていなかったわけではありません。こうした変化をとらえていたにもかかわらず、市場のゲームチェンジ（競争ルールの変更）にうまく対応できなかったのです。

その後、２０１７年に発売した家庭用ゲーム機「ニンテンドースイッチ」の販売が好調で任天堂は低迷していた業績を一気に回復させますが、スマホゲームに対する苦戦の構図は変わっていません。まだその解決には至っていないといえるでしょう。

ネット通販で靴を買う？

アメリカで成功している通販会社のひとつに、ザッポスという企業があります。ザッポスは、インターネットを通じて靴を売っている会社です。

これまで、靴は実際に履いてみないと履き心地や見栄えがわからないため、服と違って「通販には向かない」とされてきました。消費者にとっても、実際に現物を見たらイメージと違っていたり、サイズが合わなかったりすることが多く、結局、返品したり交換したりする手間を考えると、実際の店舗で試したほうが間違いないと思う人が多かったのです。

では、なぜザッポスはうまくいっているのでしょうか。

同社では、返品自由、しかも返品送料無料をうたっています。そのため、何度でも気に入ったものが見つかるまで、自宅にいながらにして「試し履き」をすることができるのです。さらには、いちどに何足も注文して、そのなかから気に入った一足だけを購入、残りは返品することもできます。店舗でしかできない試し履きが自宅にいながらにしてできる点が受けて成功したのです。

また、アメリカは国土が広いうえに日本ほど宅配便の仕組みが整備されていないため、通常は配達に数日かかります。しかし、物流システムに力を入れて2〜3日で商品が届くようにしたことも、顧客に驚きを与えています。

ザッポスは、「靴はネット通販に向かない」というこれまでの常識を打ち破った企業として賞賛を浴びています。しかし、物流コストがかさむことや、他のネット通販との価格競争などから利益をあげるのが難しかったようで、現在はアマゾンに買収され、その子会社となっています。

ネットで高級ファッションを売る

日本でも、ファッションのネット通販で成功しているサイトがあります。スタートトゥデイが運営する「ゾゾタウン」です。

これまでファッション業界では、名が知られたブランドほど、ブランドイメージを大事にするために自社の店舗に来てもらうことを重要視して、よそのサイトでは売らないという考えでした。消費者においても、「価格の安さで買う商品やインナーウェア（洋服の下に着る下着など）ならよいが、それなりの価格で購入するこだわりのファッションをネットで買うのはためらう」というのが一般的でした。

しかしゾゾタウンでは、それまでのネット通販サイトとはまったく異なる戦略を採用します。扱う商品は比較的高級品で、価格も高め、サイトも洗練されたデザインにして、ファッションセンスの高い消費者をターゲットにしました。ビームスやユナイテッドアローズなどのセレクトショップには有名ブランドが数多く並んでいますが、ゾゾタウンは、ネット上にセレクトショップのモールを実現したのです。

これによって、現物を実際に手に取れない、試着ができないなどといったハンディを持ちながらも、自分がよく知っているブランドであればサイズやテイスト、着心地までわかるので、ネットでも安心して購入することができるようになったのです。

一方、ファッション誌などに載っている最新ファッションを購入する消費者も多く、ゾゾタウンがあたかもファッション誌を「自社カタログ」としていると考えることもできます。

ブランド側にとっては自社サイトよりも集客力があることから、いまのところ両者は協調関係にあります。

アマゾン・エフェクト

ゾゾタウンではリアルの店舗とＥＣ（電子商取引）サイトが協調関係にありましたが、リアルの店舗を脅かす存在として、ネットの取り扱いに苦慮している業界もあります。家電量販店が代表例です。

これまで消費者は、家電製品を安く購入するためにヤマダ電機やビックカメラなどといった家電量販店に行っていました。品揃えも豊富で、価格も近所の電器店やスーパーよりはるかに安かったからです。

ところが、最近のユーザーは、アマゾンなどのECサイトで家電製品を購入する機会が増えています。理由は、家電量販店よりも価格が安いからです。もちろん、冷蔵庫や洗濯機、エアコンなどといった、取り付け工事や据え付け作業が必要なものについては、依然として家電量販店で購入されています。しかし、テレビやビデオカメラなどのAV製品、パソコンについては、ネット購入者が急速に増えています。

また、ネット利用とはいっても、最初からECサイトに行くのではなく、まずは価格比較サイトで「その商品が、どこで、いくらで売られているのか」を調べてから、自分の気に入った店に行く消費者も増えています。価格が一番安いところに飛びつく人もいれば、よく知っている店舗のなかから価格が一番安い店を選ぶ人など、さまざまです。

さらに、ネットでは実際の商品を手に取って見られないため、あらかじめ家電量販店などで商品を確かめてからECサイトで購入する人も出てきています。逆に、家電量販店で気に入った商品を見つけると、自宅に戻ってからネットで検索して購入するというケースも増えてきているようです。

このように、家電量販店などのリアル店舗を、商品を選んだり確かめたりするだけの目的に（ショールームとして）利用し、実際の購入をネットで行うことを「ショールーミング」と呼びます。

これは、実際に店舗を構え、商品を在庫したり店員を配置したりするなどといったコストをかけているリアル店舗にとって、頭の痛い問題です。経営資源をタダで使われてしまっているからです。リアル店舗はいまのところ有効な対抗手段を構築できていないようです。

また、小売店の売れ筋商品がネットで売られるようになると、小売店の売上が下がります。アメリカのトイザラスの破綻は、アマゾンなどのネット販売に押され、業績が低迷したことが原因です。

それは小売業にとどまりません。アマゾンがあらゆる企業や産業をのみこむことで、業績や株価の低迷にあえぐ企業が増えている現象を「アマゾン・エフェクト」と呼びます。

Ｂ２Ｂでも起きているゲームチェンジ

デンソーが「自動車業界のインテル」になる

さて、ここまでは、Ｂ２Ｃ（企業と消費者のあいだの取引）の事例を見てきました。しかし、Ｂ２Ｂ（企業間取引）の事例でもゲームチェンジが起きています。

たとえば、自動車業界では、これまでトヨタ自動車や日産自動車、あるいはグローバルではフォルクスワーゲン（ＶＷ）やゼネラルモーターズ（ＧＭ）などが業界の頂点に君臨し、その傘下に部品メーカーが位置していました。

とりわけ、日本では、自動車メーカーごとに「系列」と呼ばれる部品メーカーの囲い込みが行われ、さらにその下に二次部品メーカーが位置するという構造になっていました。たとえば、トヨタであれば、自社で部品をつくるのではなく、系列の部品メーカーであるデンソーやアイシン精機、豊田合成などから、エアコンやシート、ダッシュパネル、変速機などの部品を仕入れて自動車を完成させていました。

こうした部品メーカーも、それぞれの二次部品メーカーや素材メーカーを抱え、巨大な産業ピラミッドを構成していました。それぞれの部品メーカーは、品質・コストなどに責任を持ち、また納期についてもジャストインタイムの納入をすることで、トヨタの効率的な生産体制を支え、それがトヨタの品質やコスト、さらにはムダのない経営を支えてきたのです。

しかし、こうした強固な産業構造を維持してきた自動車業界にも大きな変化が起きています。

ドイツの自動車部品メーカーであるボッシュは、特定の自動車メーカーに部品を納めるのではなく、ありとあらゆる自動車メーカーに部品を納めることで業界の覇者になろうとしています。たとえば、ディーゼルエンジン車の重要部品である燃料噴射装置で、同社は圧倒的なナンバーワンです。日本車を除く多くの海外メーカーは、ボッシュなしではディーゼルエンジン車はつくれない、といわれるほどです。

これは、パソコン業界のインテルのような存在です。今後は、完成車メーカーよりも部品メーカーであるボッシュのほうが、規模はともかく利益が大きくなる可能性すらあります。

もちろん、トヨタの子会社であるデンソーも、ボッシュに並ぶ技術を持っています。

このため、もしデンソーがトヨタの傘下を離れて独立した自動車部品メーカーとして展開すれば、同社も「自動車業界のインテル」のような存在になれる可能性がありま す。

しかし、これでは、いままで業界に君臨してきた完成車メーカーが、単なる組立メーカーとなってしまいます。このため、トヨタとしても痛し痒しです。

パナソニックが自動車業界を牛耳る?

一方、自動車業界では、電気自動車（EV）の登場によって、さらに大きなゲームチェンジが起こるといわれています。

いまのガソリンエンジン車やディーゼルエンジン車、ハイブリッド車では、これまでの自動車業界の秩序が保たれてきました。しかし、EVが登場したことで、業界の競争ルールが変わるかもしれないのです。

たとえば、これまでのような高度につくり上げられた産業ピラミッドのなかから、擦り合わせ技術による完成度の高い自動車がつくられるという構造から、世の中にすでにある汎用部品を組み合わせてEVをつくることが可能になりました。

２０１４年現在、ＥＶの生産台数が世界で一番多いのは日産自動車ですが、売上ではアメリカのベンチャー、テスラモーターズがナンバーワンです。同社は、ＥＶの心臓部品である電池とモーターに既存の技術を利用しています。

なかでも、価格・性能両面のカギを握っているのが、電池です。いまはまだ車両価格の半分以上を電池の価格が占めており、さらにその性能は決して十分とはいえません。航続距離は２００〜４００キロメートルにとどまっています。また、ガソリンと違って充電に時間がかかるため、出先で気軽に充電するというわけにはいきません。

しかし、テスラモーターズに自社の電池が採用されたことで気を吐いているのがパナソニックです。同社が提供している電池は、家電やカメラ、パソコンなどに使われているリチウムイオン電池で、単三乾電池を一回り大きくしたようなごく普通の電池です。テスラでは、それを何千個と積み込み、直列・並列に接続して高電圧と高容量を実現しています。

もし、ＥＶが今後の自動車市場の主力製品になるようなことがあれば、パナソニックが、パソコン業界のインテルや自転車業界のシマノのように、部品事業で業界をリードすることも十分に考えられます。

しかし、思うように量産できないという問題をテスラが抱えたため、大型投資をしたパナソニックの電池の生産も当初の予定どおりには進んでいません。むしろその間、環境問題や自国の自動車産業振興を目的に、国家戦略としてEVシフトを推し進めている中国が、世界で一番EVが売れる国になっています。

もしかしたら、そのなかで力を増してきた中国の電池メーカーが、パナソニックに代わって世界の自動車業界を牛耳るようになるかもしれません。

変わる市場調査

同じB2Bの世界で、企業が新製品を開発したり、マーケティングの方法を考えたりするときに使う市場調査の世界でも、大きなゲームチェンジが起きつつあります。

これまで消費者を対象とした市場調査といえば、調査会社を使って入念に準備し、大きな予算を投じて行うというのが一般的でした。具体的には、事前に議論をしたうえでアンケート用紙を作成するか、インタビュー項目を決め、その後、何千通というアンケートを発送したり、電話でインタビューしたりするというのが当たり前でした。いわば人海戦術です。そのため、簡単なアンケートでも、回答者1人あたり1万円程度の費用がかかるといわれ、大規模な調査には数千万円かかるというのが当たり前でした。

しかし、インターネットの登場で大きく変わります。最初のうちこそ、インターネットは一部のユーザーしか使わないとか、主婦や高齢者を対象とした調査には向かないといわれていましたが、いまや国民全体がインターネットを使う時代です。どんなセグメントでも、ほぼ対応できるようになりました。

最も変わったのはコストです。かつての10分の1以下のコストで調査が可能になりました。このため、調査そのものの使い方も変わってきたのです。たとえば、事前に周到な準備をしなくても、まずは簡単な調査をやってみる。そして、そのままでよいということになれば仕事が早くなります。逆に、いちど試したうえで詳細な調査をやり直したり、まったく別の視点を加えたりすることも可能になりました。

この分野のリーダー企業、マクロミルは急成長しており、電通のリサーチ会社である電通マーケティングインサイト（旧電通リサーチ）を買収するまでに影響力のある会社となっています。

新しい競争の台頭

異業種競争を「事業連鎖」で読み解く

異業種の参入やベンチャー企業の台頭により、これまで当たり前だと思っていたビジネスモデルが通用しなくなり、新たな競争が生まれるようになりました。こうした変化に対応できず、淘汰された企業も数多く存在します。既存企業は、どうすれば、いまある事業を守りつつ競争に打ち勝つことができるのでしょうか。

2009年に出版した『異業種競争戦略』では、これまでのような企業内の「バリューチェーン（価値連鎖）」だけでなく、関連企業を包括した、より大きな連鎖をとらえることで、こうした新しい競争の見取り図を示しました。この大きな連鎖を「ビジネスチェーン（事業連鎖）」と名づけています（図表1－1）。

たとえば、カメラ、フィルム業界で起きた異業種競争を見てみましょう（図表1－2）。

もともと写真関連業界は、記録媒体すなわちフィルムを製造・販売するフィルムメ

図表1-1 バリューチェーンと事業連鎖

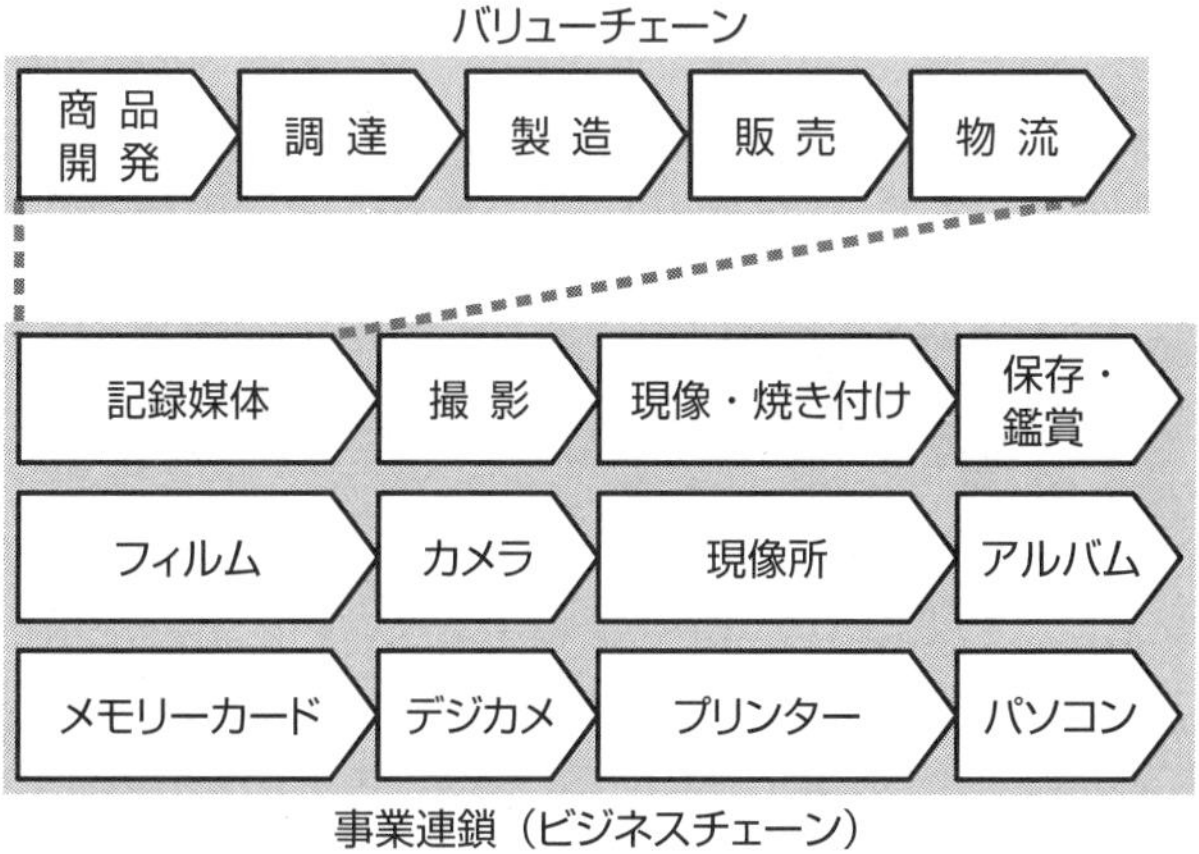

図表1-2 カメラ、フィルム業界で起きた変化

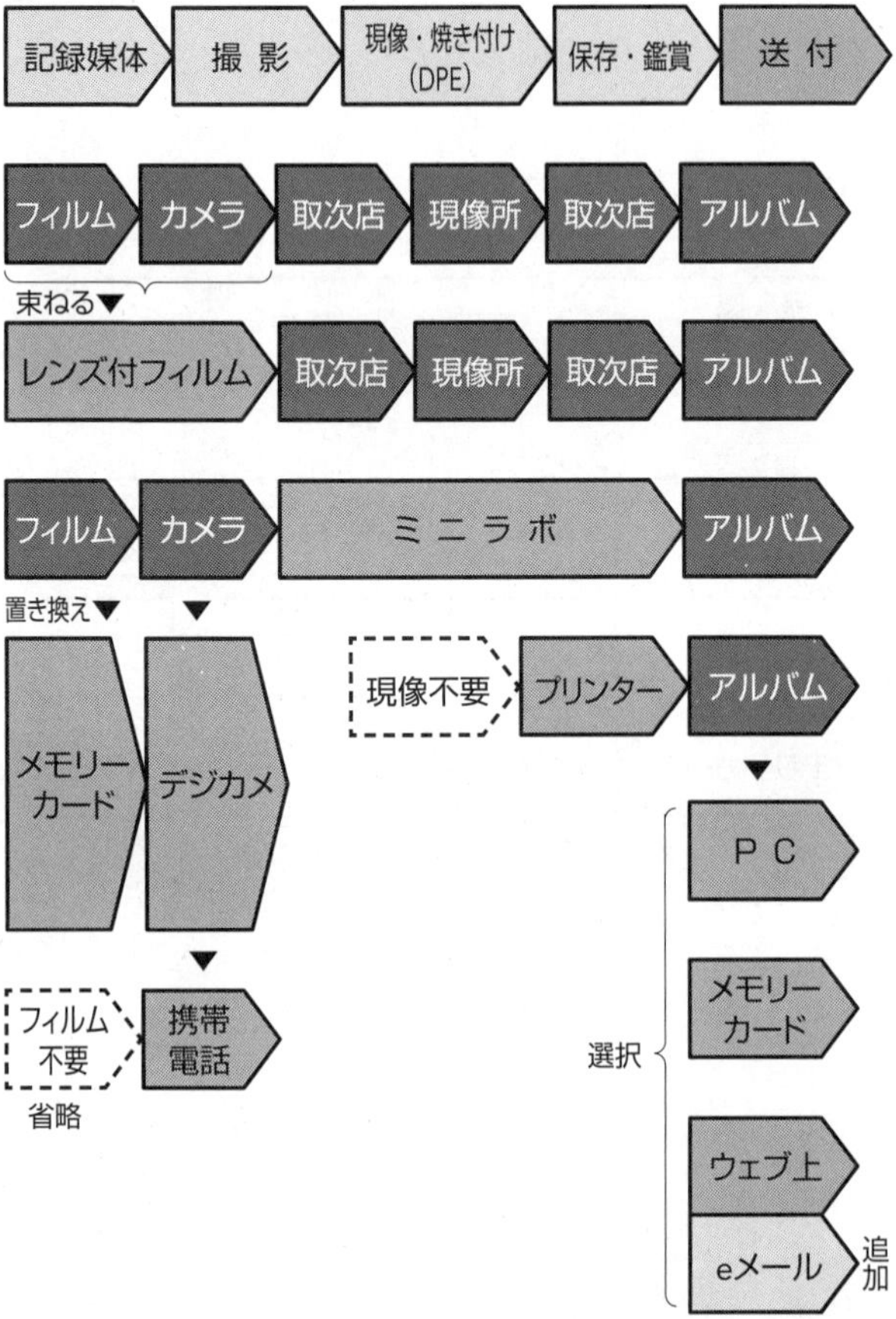

ーカー、カメラを製造・販売するカメラメーカー、現像・焼き付けを担うDPE店と現像所、さらにでき上がった写真を整理保存して鑑賞するためのアルバムメーカーといった具合にきれいに分業が成り立っていました。お互いの業界は、協調することはあっても、決して競合しない関係でした。

ところが技術進化により、この流れが一変します。たとえば、フィルムメーカーがレンズ付きフィルムを発売したことで、カメラメーカーの市場を侵食することになりました。さらには、ミニラボの登場により、街中のDPEショップで簡単に現像・焼き付けができるようになりました。現像所のビジネスが減ってしまったのです。

さらに、デジタルカメラの登場が、写真業界を革命的に変貌させました。フィルムが不要になり、コダックは倒産、コニカ（現コニカミノルタ）もカメラ事業から撤退し、それまでの光学式カメラメーカーの代わりに電機メーカーがデジタルカメラメーカーとして台頭しました。

さらには、安価なプリンターを使って家庭でも簡単に焼き付けができるようになりました。また、デジタル化されたことで、撮影した写真をすべてプリントする必要もなくなりました。撮影した写真を家族や友人とシェアするためのネット上の仕組みも繁盛しています。携帯やスマホで写真を送るのも当たり前となりました。

こうした動きにとどめを刺しそうなのが、スマホのカメラ機能です。すでに一部のスマホには、ちょっとしたコンパクト・デジカメよりも高性能なカメラが付いており、デジカメを持ち歩く人は少数派となっています。

ゲーム・チェンジャーの4類型

異業種競争によって生まれた新しいビジネスやサービスは、消費者にとって歓迎すべきものです。しかし、既存事業を抱える企業にとっては、常に新たな競争相手の出現におびえる時代といえるでしょう。結果として、これまでの気心知れた相手と戦う「業界内競争」から、何を仕掛けてくるかわからない相手と戦う「異業種競争」が大きく進んだのです。異業種競争が進むということは、企業にとってみれば次のようなゲームチェンジが起きたということができます。

- 競争の土俵が変わる
- 競争の相手が変わる

●競争のルールが変わる

本書では、既存の業界に新たな競争のルールを持ち込むプレーヤーを「ゲーム・チェンジャー」と名づけました。

まず、ゲーム・チェンジャーにはどんなタイプがあるのかを考えてみましょう。冒頭で挙げたように、これまでにない新しい競争相手や新しいビジネス、さらには、新しいビジネスモデルが誕生しています。

図表1－3は、競争のルールを変える戦い方を4類型にまとめたマトリクスです。マトリクスの横軸は、新しい製品やサービスを提供しているか、あるいは、すでにある製品やサービスかどうかです。一方、縦軸は、その業界でこれまで当たり前とされていた儲け方に対して、新しい儲けの仕組みをつくり出したかどうかです。

この横軸と縦軸によるマトリクスで、競争のルールを破壊するゲーム・チェンジャーを次の4つに類型化することができます。今後はこのマトリクスに基づいて議論を展開していきます。

図表1-3 ゲーム・チェンジャーの4類型

	既存の製品やサービス	新しい製品やサービス
既存の儲けの仕組み	**プロセス改革型** **既存のバリューチェーンを見直す** ・アマゾン ・セブンカフェ ・ゾゾタウン	**市場創造型** **顧客が気付いていない価値を具体化する** ・JINS Screen ・東進ハイスクール ・青山フラワーマーケット
新しい儲けの仕組み	**秩序破壊型** **既存の儲けの仕組みを無力化する** ・スマホゲーム ・リブセンス ・コストコ	**ビジネス創造型** **想像力と創造力を発揮する** ・価格.com ・オキュラスリフト ・カーシェアリング

- プロセス改革型（Arranger）
- 秩序破壊型（Breaker）
- 市場創造型（Creator）
- ビジネス創造型（Developer）

新しい製品やサービスを提供しているか

もう少しくわしく見てみましょう。マトリクスの横軸は、これまで他社が提供してこなかった新しい製品やサービスを生み出したかどうかです。

ただし、既存の製品やサービスの見せ方を変えただけでは、新しい製品やサービスとはいえません。ここでは、新たな需要や市場の創出につながる、まったく新しいものが対象です。具体例としては、パソコンや携帯電話が登場したときのように、それまで世の中になかった、まったく新しい製品やサービスです。あるいは、電子書籍や電気自動車のように、既存の製品やサービスとよく似た機能や価値をまったく異なる手段で実現した製品やサービスが挙げられます。

マトリクスの右側に位置するのが、こうした新しい製品やサービスを提供することでゲームチェンジを起こそうとするプレーヤーです。新市場は、既存企業が事業を行っている既存市場と異なるため、直接競合しない（したとしても、それほど影響がない）こともありますが、新市場が既存市場に取って代わるようになると、既存企業にとって脅威となります。

一方、マトリクスの左側に位置するのが、新市場ではなく既存市場で戦うプレーヤーです。しかし、既存の製品やサービスでも、コスト構造や付加的なサービス、業務プロセス、儲けの仕組みなどを変えることで競争のルールを変えてしまうプレーヤーがいます。たとえば、理髪業でイノベーションを起こしたＱＢハウス、あるいは冒頭で紹介したスマホゲームなどが挙げられます。

どちらも、提供している製品やサービスはすでにあるものですが、これまでとは異なる提供の仕方を生み出し、成功しています。既存企業にとってはそれが自社の製品やサービスを否定するものだと、（事業がうまくいっているほど）脅威となります。

新しい儲けの仕組みを持ち込んだか

縦軸は、これまでその業界で当たり前とされていた儲け方に対して、新しい儲けの仕組みをつくり出したかどうかです。

マトリクスの下段に位置するのが、新しい儲けの仕組みを持ち込むことでゲームチェンジを起こそうとするプレーヤーです。たとえば、かつてのレコードレンタルのように、これまでは販売することが常識だったレコード業界に「レンタル」という販売しない仕組みを導入したケースが代表例です。

ちなみに、音楽業界ではその後、「iTunes」のようなネットで音楽を販売する仕組み（売り切りモデル）が隆盛を誇りましたが、それももはや時代遅れになりつつあります。「Spotify（スポティファイ）」のような毎月定額で音楽が聞き放題のビジネスモデル（サブスクリプション本業モデル）が主流となり、さらには「アマゾン・プライム・ミュージック」のように、もともと音楽とは異なる本業のビジネスを補完するかたちで始まったサービス（サブスクリプション補完モデル）も登場しています。スマホゲームや地図サービスのように、これまでお金を払うのが当たり前だった商品やサービスを無料にして、その他で課金される仕組みを設けるケースも、これに該当します。

こうした新しい儲けの仕組みが導入されると、既存企業がそれまでの儲けの仕組みを維持するのが困難になります。
もちろん、儲けの仕組みを変えない戦い方もあります。マトリクスの上段に位置するのが、そうしたプレーヤーです。本章の冒頭で紹介したザッポスやゾゾタウン、あるいは後述する「セブンカフェ」（セブンイレブンがセルフ式で提供しているコーヒー）などがあてはまります。

以下では、マトリクスに位置する4つのゲーム・チェンジャー――秩序破壊型、市場創造型、ビジネス創造型、プロセス改革型の具体例を見ていきます。そのうえで、第2章から第5章までの各章で、それぞれの戦い方をくわしく見ていきます。最後の第6章では、戦いを仕掛けられた側の既存企業が、いかにして競争のルールをリセットして既存事業を守ろうとしているかに焦点をあてます。

ゲーム・チェンジャーの4類型

秩序破壊型（Breaker）

秩序破壊型は、既存企業にとって最も手強い競争相手です。これまでとほぼ同じ製品やサービスが、異なる儲けの仕組みで提供されるからです。その儲けの仕組みが消費者にとって歓迎すべきものだったとき、既存企業は窮地に立たされます。

スマホゲーム　これまで外出先でゲームを楽しむには「ニンテンドーDS」や「プレイステーション・ポータブル（PSP）」といったゲーム専用機を購入するしかありませんでした。しかし最近では、スマホでも簡単にゲームを楽しめるようになりました。

しかも、ゲーム専用機用のソフトが1本数千円するのに対し、スマホで楽しめるゲームの多くは無料か、あるいは100～300円程度です。消費者にとっては、ゲーム専用機を持ち歩かなくても、無料あるいは低価格でゲームを楽しめるようになりました。

既存のゲーム業界の儲けの仕組みはハードとソフトの代金の2本立てですが、実はハードではほとんど儲けが出ておらず、「補完品」であるソフトで稼いでいたのです。

ところが、スマホのゲームでは、ハードを用意する必要がありません。ソフトの開発費用はかかりますが、あとはネット配信するだけです。デジタル・プロダクトなので追加の製造コストもわずかで、無料で配布しても余分なコストはほとんど発生しません。

では、どうやって稼いでいるのでしょうか。それは、広告とアイテム課金です。広告をゲーム画面に出すことで、広告主から広告代をもらっています。テレビやラジオの民間放送と同じビジネスモデルです。広告主にとっては、ひとりでも多くの人の目に触れてもらいたいので、ゲームが無料のほうが多くのユーザーが集まると期待できます。

アイテム課金は、「フリーミアム」と呼ばれる仕組みです。ネットでの販売や配信が可能なデジタル・プロダクトでは追加の製造コストがほぼゼロなので、たとえば、100名の無料客のうち、5名程度が何らかの理由——たとえば、ゲームを進めるうえで有利になるアイテムを有料で手に入れたいとか、入場券などを優先的に手に入れたいなどといった理由で優良客になってくれれば十分に元が取れるといわれています。

消費者にとってはいいことずくめですが、既存のプレーヤーにとっては、これまでの競争のルールが壊されるだけでなく、対抗戦略を取ろうとすると自分たちの儲けの仕組みを壊さなくてはならないため、難しい意思決定を迫られます。

リブセンス　リブセンスが運営するアルバイト紹介サイト「マッハバイト（旧ジョブセンス）」は、アルバイト希望者がサイト上にある求人広告を見て応募するという、一見どこにでもあるような求人サイトですが、これまでとは大きな違いがあります。

これまでであれば、求人をする企業が、まずは掲載料を払って、一定期間、求人広告を掲載してもらっていました。しかし、そのあいだに応募者がいなかったり、応募者がいても採用に至らなかったりした場合、掲載料はムダ金になってしまいます。

これに対してマッハバイトは、求人をする企業が採用にまで至らなければ掲載料を払わなくてもよいという、成功報酬型です。あまり頻繁に採用を行わない企業や中小企業からすると、きわめて使い勝手のよいサイトです。

ところが成功報酬型には、求人に成功した企業がそのことをマッハバイトに伝えなければ掲載料を取りっぱぐれてしまうという問題があります。これを防ぐためにマッハバイトでは、応募者がマッハバイトでアルバイトを見つけた際にはお祝い金を出します、という仕組みも導入しています。応募者にお祝い金を出すことで、求人した企業ではなく応募者が求人の成否を教えてくれます。

リクルートの「タウンワーク」などの従来型アルバイト斡旋サイトは、強力な営業部隊と、掲載料を前払いしてくれる多数の顧客をすでに抱えているため、マッハバイトと同じ戦略は取りにくいでしょう。

しかし、その後、追随する新たなプレーヤーが出てくると、リブセンスの「掲載料無料・成功報酬モデル」も業界で当たり前のものとなってきます。求人業界に新しい儲けの仕組みを持ち込んだ先駆者として急成長したリブセンスですが、現在はこうした競争環境のなかで苦戦しています。

コストコ　「会員制ホールセラー」と呼ばれるディスカウントストアのコストコでは、会員にならないと買い物をすることができません。年会費は４４００円と高額ですが、

2018年9月現在、国内に26店舗ほどあります。

巨大な倉庫のような店舗のなかで、ほとんど段ボール箱に入ったままの状態で商品が陳列されているのが特徴です。店員の姿もほとんど見かけません。量も多く、たとえばピザ生地1ダースとか、水2ケースといった具合です。パンなども1ダース単位なので、とても一家族では食べきれないような量です。これは、もともと業者向けに販売したときのスタイルを踏襲しているからです。そのため、利用者は会員になることを求められます。会員になれば、小売価格ではなく卸売価格で購入できるというわけです。

とはいえ、日本では、法人顧客に加えて、価格の安さとアメリカっぽい店のつくりや商品構成が、主婦や若者をはじめとする幅広い一般客にも支持されています。

店舗の儲けの仕組みは、商品の粗利（販売価格から仕入価格を引いたもの）だけではありません。実は、会費収入が利益の大半を占めているのです。同社の損益計算書によれば、売上総利益約10％に対して同程度の販売管理費がかかっており、ほとんど儲けが出ていません。その代わり、ほぼ営業利益に匹敵する会費収入があり、これが利益の源泉となっています。そのため、会費制を取っていない他のディスカウンターにとっては同社に対抗するのが困難です。

秩序破壊型は、①製品やサービスが同じでも、新しい儲けの仕組みを導入することで新たな価値を生み出します。②それを顧客に提供することで既存企業の儲けの仕組みを無力化するとともに、新しい儲けの仕組みが、既存企業にとって真似したくても真似できない参入障壁になっていることが成功のカギといえます。既存企業にとっては非常に嫌な競争相手です。

市場創造型（Creator）

儲けの仕組みがこれまでと同じでも、まったく新しい製品やサービスを提供しているのが、市場創造型です。既存市場を侵食せず、これまでになかった新しい市場をつくり出すので、攻められる側の企業にとってはそれほど嫌なプレーヤーではありません。ただし、新市場が既存市場に取って代わるようになってくると、やっかいな競争相手となります。

JINSのパソコン用メガネ　それまで常識だった「視力を矯正する」ではなく「目を守る」という新しいコンセプトで登場したのが、パソコン用メガネの「JINS Screen（発売時の名称はJINS PC）」です。有害光線（ブルーライト）をカットすることでパソコンで作業をしているときの目の疲れを軽減するという機能を前面に出し、発売2年程度で300万本を売る大ヒットとなりました。メガネという既存商品に新たな用途を見つけることで、市場創造に成功したのです。儲けの仕組みは、これまでのメガネと同じです。

東進ハイスクール　既存の予備校ビジネスは、大都市圏に大規模教室を用意し、大人数でライブ講義を受けるという規模型のビジネスでした。しかし、それでは、地方都市に住む現役生は通えません。自ずと主たる顧客は大都市の浪人生となります。かつて「3大予備校」と呼ばれた駿台予備学校、河合塾、代々木ゼミナールなどがその代表例です。

これに対し、大都市だけでなく地方都市にも校舎を多数展開し、衛星を使った講義を好きな時間に受講できるオンデマンド型講義で急成長したのが東進ハイスクールです。同校はこのやり方で、部活動を両立したい現役生や地方都市の受験生といった新しい需要を開拓しました。

このやり方を可能にしたのが、いちど収録してしまえば何度でも活用できるビデオ授業であり、衛星を使ったビデオ授業の配信です。受講料をもらうという儲けの仕組みは、既存の予備校と同じです。

青山フラワーマーケット　これまで生花は、冠婚葬祭や贈答用といった法人需要を除けば、誕生日や結婚記念日、発表会などといった私生活のイベントで使われるのが主でした。いわゆる目的買いです。そのため、生花店は、必ずしも人通りの多い場所や街の中心部にある必要がありませんでした。消費者のほうが、花を買うためにわざわざ出かけるからです。

これに対して青山フラワーマーケットでは、花を日常生活で使ってもらうというコンセプトを提唱して価格を大幅に下げ、気軽に花を買ってもらえるようにしました。しかも、仕入値の安い花ではなく、いい花を仕入れて安く販売しています。

しかし、これでは粗利が減るため、大量に販売しなければ利益が出ません。そこで、青山フラワーマーケットは、これまでの生花店とは異なり、乗降客が多い駅のなかや、駅前の人通りの多い場所に店舗を構えています。日常生活で花を使ってもらうには、衝動買いができる場所——いつも通る場所にあったほうがよいからです。

このようにして同社は、既存の生花店の需要を奪うことなく、新たな需要を生み出すことに成功しています。

いずれの事例も、一見すると、これまでと同じような製品やサービスを提供しているように見えますが、実は、これまで満たされていなかった潜在ニーズに着目して新市場をつくり出しています。市場創造型は、①儲けの仕組みは変えずに、新たな製品やサービスを生み出すことで新市場を創造し、競争のルールを変えています。②その成功のカギは、顧客自身も気づいていないニーズを具体化することにあります。

ビジネス創造型（Developer）

ビジネス創造型は、これまで世の中に存在しなかった製品やサービスを、新しい儲けの仕組みで提供します。

価格.com　カカクコムが運営する「価格.com」は、顧客がこれまで足で稼ぐしかなかった各小売店の価格情報を自宅にいながら、あるいは出先で、パソコンやスマホを使って簡単に比較できる人気サイトです。さらに、そこから小売店のECサイトに移動して実際に購入することもできます。いまでは、消費者にとって、なくてはならないサイトとなっています。

同社の主な収益源は、ものを販売する側の小売店からの広告収入と、価格.comから各小売店のECサイトに消費者が移動した場合の手数料収入です。さらには、価格比較のリストに載せる手数料、メーカーへの商品企画提案コンサルティング料なども得ています。

最近では、ネットでの消費者行動が一段と進化しています。まずはリアルの店舗で現物を確かめたうえで、価格比較サイトで最も安い値段で販売されている店（ECサイト）を見つけ、そこで購入するという購買行動が注目を集めています。こうした現象が小売店を、商品の現物を見るだけのショールームにしてしまっています。既存の小売店にとっては頭の痛い問題です。

オキュラスリフト　皆さんは、アメリカのベンチャー企業、オキュラスVR（Oculus VR）が開発しているヘッドマウントディスプレイ「オキュラスリフト（Oculus Rift）」をご存じでしょうか。これは、バーチャルリアリティ（仮想現実）に特化した頭部装着ディスプレイです。ゴーグルのようなオキュラスリフトをかぶると、目の前に立体的な3D映像が浮かび上がります。そして、ソフトを動かすと、たとえば実際にジェットコースターに乗っているような感覚を味わえます。

実は、ほぼ同じような機能を持った製品が、すでにソニーから発売されています。では、オキュラスリフトは、こうした既存商品と何が違うのでしょうか。

ひとつは、製品の完成を顧客に委ねていることです。バーチャルリアリティという新しい分野に特化した製品には、どんな使い道があるのか、どんなソフトウエアを開発したらよいのかなど、わからないことが多すぎます。ソニーのようにすべてをメーカーが準備して販売する方法もありますが、オキュラスVRは、開発そのものを第三者に委ねたのです。

第三者にアプリケーションの開発を委託するケースは、ゲーム会社などにもあります。しかし、オキュラスVRは1台わずか300ドルという格安の価格で、希望者に開発キットを販売したのです。その結果、プロの開発者や企業はもちろん、多くの一般ユーザーがこれを買い求め、さまざまなアプリケーションが開発されました。

こうして市場が大きく広がりました。スポーツやエンターテインメント、障がい者の疑似体験などといった多数のアプリケーションのみならず、専用のハードまで生まれたといわれています。市場開発をユーザーに委ねた結果、これまで世の中になかった市場がたくさん生まれつつあるのです。

一方、儲けの仕組みもユニークです。ベンチャー企業で資金がないため、まずは「クラウドファンディング」と呼ばれる手法で開発資金を集めました。そして、予定以上の資金が集まったため、プロジェクトは無事スタートしたのです。次に、まだ開発途上の機械を前述したように1台300ドルで販売しました。初号機は、開発者以外の一般ユーザーも含めて6万台売れたそうです。その後、2号機も開発キットとして売られていますが、実質的に完成品だと見られています。

同社の儲けの仕組みは、まだ完成していない製品を多くの人に売って元を取るという、きわめてユニークなビジネスモデルです。これもベンチャーならではの仕組みだといえるでしょう。

その後、オキュラスリフトは2014年にフェイスブックに買収され、主たるプレーヤーではなくなりましたが、そのユニークな開発手法によってバーチャルリアリティの市場は大きく広がりました。


カーシェアリング　これまでクルマを利用するには、自分で購入（所有）するか、必要なときにレンタカー会社から借りてきて使うといった方法が一般的でした。それに対して、会員組織をつくり、大勢の人たちのあいだでクルマをシェアして使うというのが、カーシェアリングのコンセプトです。

ユーザーは、いちど会員登録をすれば、その都度、面倒な契約手続きをする必要はありません。また、自宅や勤務先付近の駐車場など、歩いて数分のところで借りられますし、あらかじめネットで予約することもできます。こうした点が、レンタカーとの大きな違いです。

儲けの仕組みは比較的レンタカーに近いものの、月額の会費が必要であること、15分といった短時間からの利用が可能であること（レンタカーは半日あるいは1日単位）

などが特徴です。そのため、料金も数百円単位で使える手ごろな価格となっています。ちょっとした買い物などにタクシー代わりに使う人も多いようです。

ビジネス創造型は、①これまでになかった製品やサービスを、新しいビジネスモデルで世の中に提供しています。②成功のカギは、妄想を立体化する、すなわちイマジネーション（想像力）とイノベーション（創造力）を結びつけ、まったく新しいビジネスをつくり出すことです。

ニーズやビジネスモデルがはっきりしないなかで、新しいビジネスを計画的に生み出す方法はありません。創業者の思いつきや思いが原動力となり、後から儲けの仕組みがついてくることもあるでしょう。また、技術や仕組み（シーズ）が起点となって、それを活用できる市場（ニーズ）が見つかる場合もあります。

プロセス改革型（Arranger）

製品やサービスも、儲けの仕組みも既存のものと同じだとすれば、どうやって競争のルールを変えるのでしょうか。プロセス改革型は、自社の仕事の流れやバリューチェーンを見直すことで顧客に新しい価値を提供しています。たとえば、アマゾンの書籍ネット通販事業や、セブンイレブンのセブンカフェなどがこれにあたります。

アマゾンによる書籍のネット通販

アマゾンの登場（ここでは電子書籍ではなく紙の書籍のネット通販を指します）によって何が変わったのでしょうか。売られているものは、既存の書店と同じ書籍や雑誌です。また、本の代金が売上になるという儲け方も既存書店と変わりません。しかし、既存書店と大きく違う点があります。それは、店舗がネット上にあるため、いつでもどこでも買い物ができるという点です。

既存書店には、店舗面積という物理的な制約から、保有できる在庫量にかぎりがありますが、ネット書店にはそうした制約がありません。実際にアマゾンは、何百万冊という品揃えを誇っています。もちろん、検索機能を使えば、欲しい本をサイトで探すことも可能です。

このように、書籍のネット通販では、わざわざ出かける必要がない、あるいは書籍を探すのが容易であるという点で、顧客にまったく新しい価値を提供しています。顧客の購買プロセスを見ると、書店に出かける、売り場を探す、棚を調べるといったプロセスが省略されていることがわかります。

こうした利点もあり、アマゾンのサービスは急速に普及し、日本で最も大きな売上をあげる書店となりました。しかし、アマゾン側から見れば、店舗にかかるコストを下げられる一方、在庫を保管するための倉庫や配送するための物流システムが必要になっています。


セブンカフェ　急速に普及したセブンイレブンのコーヒー「セブンカフェ」も、プロセス改革型の事例です。セブンカフェは、レジでお金を払うと紙コップを渡され、自分でコーヒーマシンから挽きたてのコーヒーを入れるサービスです。

店舗のなかでのプロセスを見ると、店員ではなく顧客が自らコーヒーを入れるという点が、既存のコーヒーショップやファストフード店と大きく違います。これによって、これまでコーヒーショップで提供されていたのと同じような味（品質）のコーヒーが100円という低価格で、かつ手軽に提供されています。

また、レジでの作業効率が悪化して顧客を待たせることもありません。まさに、お店と顧客の「ウィンウィンの関係」をつくり上げています。

この他にも、洗髪や髭剃りなどといったカット以外のサービスをなくすことで、時間とコストを抑えることに成功したヘアカット専門店のQBハウスや、プールやシャワーといった余計な設備を置かず、また男性を入れないため格好を気にせず利用できることで人気の女性専用フィットネスクラブ、カーブスなどが、プロセス改革型に挙げられます。

プロセス改革型は、①これまでと同じ製品やサービスでも、それらの提供方法を変えることで新たな価値を生み出しています。②その成功のカギは、既存のバリューチェーンを見直すことにあります。

＊＊＊

以上、新手のプレーヤーが世の中に現れるときには、どんなタイプがありえるのかを、マトリクスを使って説明しました（図表1―4）。自分が新しいビジネスを始める、あるいは既存事業でイノベーションを起こそうというときの参考になるでしょう。

図表1-4 それぞれの戦い方の特徴と成功のカギ

	戦い方の特徴	成功のカギ
秩序破壊型	製品やサービスが同じでも、新しい儲けの仕組みを導入することで新たな価値を生み出す。	既存企業の儲けの仕組みを無力化する。
市場創造型	儲けの仕組みは変えずに、新たな製品やサービスを生み出すことで新市場を創造し、競争のルールを変える。	顧客自身が気づいていない価値を具体化する。
ビジネス創造型	これまでになかった製品やサービスを、新しいビジネスモデルで世の中に提供する。	イマジネーション（想像力）とイノベーション（創造力）を結びつける。
プロセス改革型	これまでと同じ製品やサービスでも、それらの提供方法を変えることで、新たな価値を生み出す。	既存のバリューチェーンを見直す。

以降の章では、それぞれのプレーヤーの特徴や戦い方を分析していきます。

一方、自分が属する業界で新しいタイプの競争相手が誕生したなら、やはりこのマトリクスのどこかに位置するはずです。敵を知るため、あるいは今後起こりうる競争を予測するためにも、このマトリクスは有効です。第6章では、攻められる側の既存企業がどう防衛していったらよいかを考えます。

第２章

相手の儲けの仕組みを無力化する

——秩序破壊型

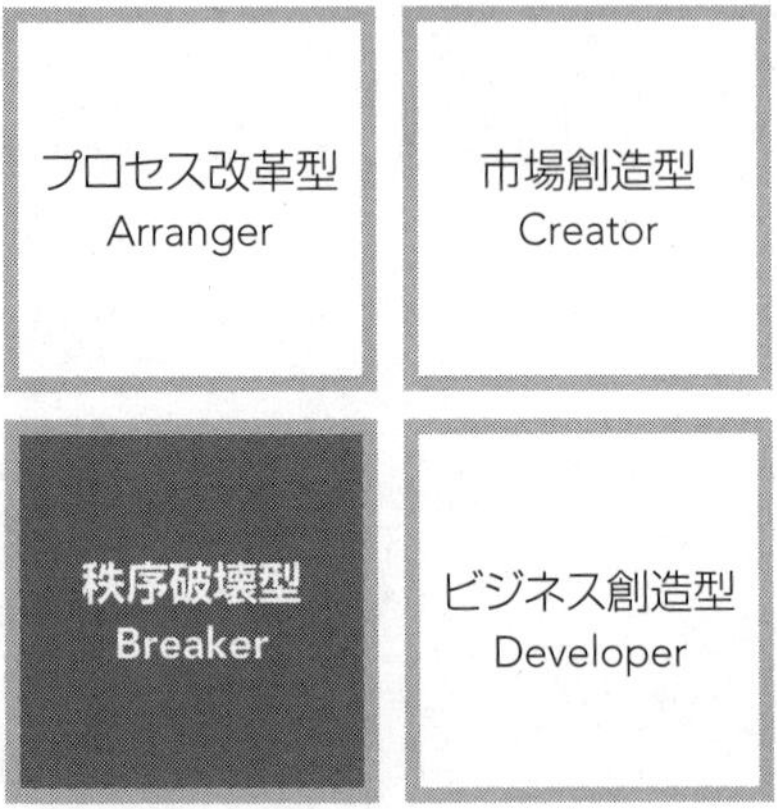
プロセス改革型
Arranger
市場創造型
Creator
秩序破壊型
Breaker
ビジネス創造型
Developer

新たな戦い方で秩序を破壊する

LINEの無料通話――市場に持ち込まれた新しい戦い方

提供する製品やサービスはこれまでとほぼ同じものであるにもかかわらず、市場に新たな戦い方――「儲けの仕組み」を持ち込むことで競争のルールを変えてしまう、ときに既存の業界秩序さえも破壊してしまうプレーヤーがいます。それが秩序破壊型です。

製品やサービスは決して新しいものではないのに、儲けの仕組みが異なるとは、どういうことでしょうか。秩序破壊型の一例として、無料チャットアプリの「LINE」が挙げられます。

読者の皆さんのなかでも、LINEを利用している方は多いのではないでしょうか。「スタンプ」と呼ばれるユニークな絵文字を利用した手軽なチャット方式が広く支持され、プラットフォームとしての価値が上がりました。同社の発表によると、その利用者数は国内外合わせて2・2億人ともいわれています（2017年9月）。

テキストチャットや法人からの広告収入が収入源となる「ＬＩＮＥビジネスコネクト」など、さまざまなサービスを提供していますが、主要なサービスのうちのひとつが「無料通話機能」です。このサービスは、ＮＴＴドコモやａｕといった携帯電話会社にとって大きな脅威となっています。通話料がかかる電話回線ではなく、インターネット回線によるパケット通信を利用しているため、契約時にパケット定額プランに加入しておけば、この通話機能、すなわちパケット通信をどれだけ使っても、決められた金額以上を払う必要がないからです。これが、ＬＩＮＥでの通話が実質無料になる仕組みです。

しかし、そもそもＬＩＮＥなどのアプリメーカーは、携帯電話会社が提供する通信インフラを利用してサービスを展開しています。にもかかわらず、通話を無料にしてしまうわけですから、通信インフラに多大な投資を続ける携帯電話会社にとっては、精魂込めて耕した自分の田畑を荒らす問題児に見えることでしょう。

新しい儲けの仕組みで業界秩序を破壊する

では、ＬＩＮＥは、どのようにして利益を得ているのでしょうか。

それは、企業広告やアイテム課金です。チャットで使うスタンプには、企業がプロモーションのために提供するものや、個人ユーザーが有料で購入するものもあります。また、ＬＩＮＥが提供するゲームには、それを有利に進めるためのアイテムがあり、その一部も有料です。ＬＩＮＥが音声通話を無料にするのは、多くの利用者を集めて有料アイテムの課金収入を得るための手段にすぎないのです。

たしかに、チャットアプリや音声通話といったサービスは決して新しいものではありません。しかし、新しい儲けの仕組みを持ち込むことで、業界秩序を破壊してしまうほどの大きな脅威をもたらしています。

このように、秩序破壊型は、既存市場に新しい儲けの仕組みを持ち込むことで、既存プレーヤーの儲けの仕組みを無力化してしまいます。既存プレーヤーは、これまでどおりの競争ができなくなるため、不利なポジションに追い込まれます。

２０１４年７月、ＮＴＴドコモなどは、一定料金を支払えば通話し放題というプラン――国内で無制限に通話できる完全定額制の音声通話サービスを導入しました。これまでも、同じ通信会社の端末間や家族間などを対象にした定額制はありましたが、相手を限定しない完全定額制の導入は初めてです。ＬＩＮＥの無料通話機能の脅威がもはや無視できない大きさとなったことが、導入に踏み切った要因だと考えられます。

既存の大手通信会社から見れば、LINEはアプリメーカーのひとつです。しかし、彼らが生み出した新しい競争のルールに、大手業者でさえも乗らざるをえなくなっています。

さらにLINEは、電子決済サービス「LINEペイ」を展開しています。銀行やクレジットカード会社は、飲食店や商店から受け取る決済時の手数料で儲けを出していますが、LINEペイではこの決済手数料を3年間「無料化」すると発表しており（2018年7月）、無料電話機能と同様にこれまでのビジネスモデルを無力化する方法として注目されています。

スマホゲームが持ち込んだ儲けの仕組み

これとよく似た事例が、第1章でも取り上げたスマホゲームです。

携帯電話のゲームといえばDeNAやグリーが有名ですが、スマホゲーム「パズル&ドラゴンズ」をヒットさせたガンホー・オンライン・エンターテイメントなども近年、急速に成長しています。スマホにアプリをダウンロードし、基本的な機能のなかで遊ぶかぎりは料金が発生しません。

ただし、LINEが提供するゲームと同様、ゲームを有利に進めるためのアイテム（たとえば、強力な魔法を使えたり、豪華な衣装に変更できたりする道具）を得る際には課金される仕組みになっています。

スマホゲームが、既存のゲーム業界に新しい戦い方を持ち込んだのは、すでに述べたとおりです。「ニンテンドーDS」や「プレイステーション・ポータブル」などのゲーム専用機で遊ぶにはハードとソフトを購入しなければなりませんが、スマホゲームでは、スマホを所有していれば追加費用が発生しません。

スマホゲームが持ち込んだ新しい儲けの仕組みは、ハードやソフトを売って（あるいはライセンス収入で）稼ぐゲーム専用機メーカーの儲けの仕組みを無力化してしまいます。特に、スマホの利用者が増えるにつれ、「ライトユーザー」と呼ばれる多数のゲーム初心者がスマホゲームに流れてしまう可能性があります。

IT関連にとどまらない

秩序破壊型は、ゲームやITの領域にとどまりません。インスタントコーヒーの販売を手掛けるネスレが、おいしいコーヒーをオフィスで手軽に飲んでもらうために始めた「ネスカフェ・アンバサダー」も、既存市場に新しい戦い方を持ち込んでいます。ネスカフェ・アンバサダーに申し込むと、オフィスにコーヒーメーカー（バリスタ）が届けられます。それにインスタントコーヒーの詰替パックをセットすれば、淹れたてのコーヒーが飲める仕組みです。コーヒーメーカーは無料ですが、詰替パックは有料です。利用者に詰替パックを繰り返し購入してもらうことで稼いでいます。

オフィスで飲むコーヒーを提供するといったサービスは、決して目新しいものではありません。しかし、インスタントコーヒーを自分で淹れるよりおいしく、コーヒーショップより安くて便利といった特徴が受けて利用者が広がっています。

このサービスに対する既存プレーヤーには、ネスレ自身も含まれるインスタントコーヒー・メーカーや、オフィス内の自販機を通じた飲料販売業者、オフィス周辺のコンビニエンスストアやコーヒーショップなどが考えられます。しかし、その戦い方のユニークさゆえに、なかなか有効な対抗策が打ちづらいといえるでしょう。

秩序破壊型が持ち込んだ儲けの仕組み

この他にも、セブン銀行やサンリオ、リブセンスなども、秩序破壊型として挙げられます（図表2－1）。秩序破壊型のなかには、それまでの戦い方を根本から否定することで、新たな戦い方や儲けの仕組みを生み出しているプレーヤーもいます。

セブン銀行は、預貯金や融資といった一般的な銀行業務をほとんど行わず、ATMを利用したときの「手数料」を主な収益源としています。セブンイレブンなどの自社のグループ施設に加えて、駅や空港といった便利な場所に多数のATMを置くことで利便性を高め、ユーザーだけでなく、ユーザーが預金口座を持つ他の金融機関からも手数料を得ています。

「ATMの利用件数を増やして、手数料で稼ぐ」といった新しい競争のルールを銀行業界に持ち込んだのです。

「ハローキティ」の生みの親であるサンリオは、自社でキャラクター商品を企画販売するビジネスと「ライセンス販売」の両輪で儲ける仕組みをとっています。また、通常のライセンス・ビジネスではキャラクターのイメージを厳しく管理してデザインを供給するかたちをとるのが一般的ですが、サンリオでは、商品によって変更を認めて

図表2-1 秩序破壊型が持ち込んだ新たな儲けの仕組み

既存の儲けの仕組み		新しい儲けの仕組み（事例）
販売	→	課金や広告料、基本サービスは無料（LINE、スマホゲーム）
販売	→	消耗品で課金、本体は無料（ネスカフェ・アンバサダー）
融資による利子	→	ATMサービスの手数料（セブン銀行）
販売	→	ライセンス収入（ハローキティ）
広告掲載料	→	成功報酬（リブセンス、じゃらんネット）

います。

これにより、多様な関連グッズの販売が可能となるとともに、キャラクターが多くの国々で受け入れられる状況をつくり出すことで売上を急伸させ、国際展開力のある高収益事業へと転換させています。

リブセンスは、それまで一般的だった求人広告の掲載料を、求人に対して応募があり、さらに採用が決まって初出社した時点で広告主から受け取る「成功報酬制」を導入しました。成功報酬型は、同社が持ち込んだ新しい戦い方です。

成功報酬というと一見リスクが高そうに思われますが、広告主にとっては、採用が決まるまで費用が発生せず、採用が決まった時点で広告掲載料を支払えばよいので高い納得感が得られます。また、成功報酬の一部を採用された人にお祝い金として還元することで、アルバイト探しをする学生が同社の媒体を利用する動機づけにもなります。

新たな戦い方を事業連鎖で読み解く

5つのアプローチ——事業連鎖で業界全体をとらえる

では、新しい儲けの仕組みをつくり出すには、どうすればよいのでしょうか。その前に、儲けの仕組みをとらえる視点として「事業連鎖」を見ていくことにしましょう。

事業連鎖（ビジネスチェーン）とは、「バリューチェーン」よりも一段階大きな視点で、ビジネスの仕組みそのものをとらえたものです。バリューチェーンが、ひとつの企業の活動を機能（付加価値を生み出すプロセス）ごとに分解して示したものであるのに対し、事業連鎖は、ひとつの企業の活動だけでなく、業界全体に視点を広げています。事業連鎖を描くことで、業界全体の機能や活動の流れを把握し、自分の会社や事業を取り巻く競争環境をとらえることができるようになります。

まずは、この事業連鎖を使って、新しい儲けの仕組みがどのようにつくり出されているかを見ていくことにしましょう。秩序破壊型では、既存の製品やサービスが、異なる儲けの仕組みで提供されるようになりますが、事業連鎖のなかにあるそれぞれの要素にどのような変化が起きているでしょうか。
この変化を見ていくには、次の5つのアプローチが有効です。

1　省略……中抜きする
2　束ねる……結合する
3　置き換え……代替する
4　選択肢の広がり……選択肢を増やす
5　追加……新しい機能や価値を付け加える

以下では、それぞれのアプローチに基づいて、事業連鎖の変化を見ていきます。それぞれの事例において、儲けの仕組み（課金ポイントやビジネスモデル）はどのように変化しているでしょうか。

「省略」で既存プレーヤーの収益源を奪う

「省略」とは、事業連鎖の一部がなくなることです。省略することで、「販売」という儲けの仕組みを「課金」に変えることができます。

先述したスマホゲームがこれにあたります。利用時間が少ないライトユーザーやカジュアルユーザーにとってはスマホでゲームが楽しめるので、あえてゲーム専用機を購入する必要がなくなります。また、ゲームは、手元にあるスマホで無料あるいは比較的安い値段でダウンロードできるので、わざわざお店に買いにいく必要もなくなります（図表2－2）。

企業にとっての儲けの仕組みは、ハードやソフトの販売から、（無料あるいは比較的安い値段で提供した後の）アイテム課金や広告課金に変わります。

このように、事業連鎖の一部を省略して、新たな儲けの仕組みを導入することができれば、既存プレーヤーの収益源を奪うことができます。

「束ねる」ことで手数料や広告料を得る

「束ねる」とは、それまで2つ以上に分かれていた要素をひとつに束ねてしまうケースです。

月間4億5500万人を超えるユニークユーザーを持つ旅行クチコミサイト「トリ

図表2-2 スマホゲームが事業連鎖の一部を省く

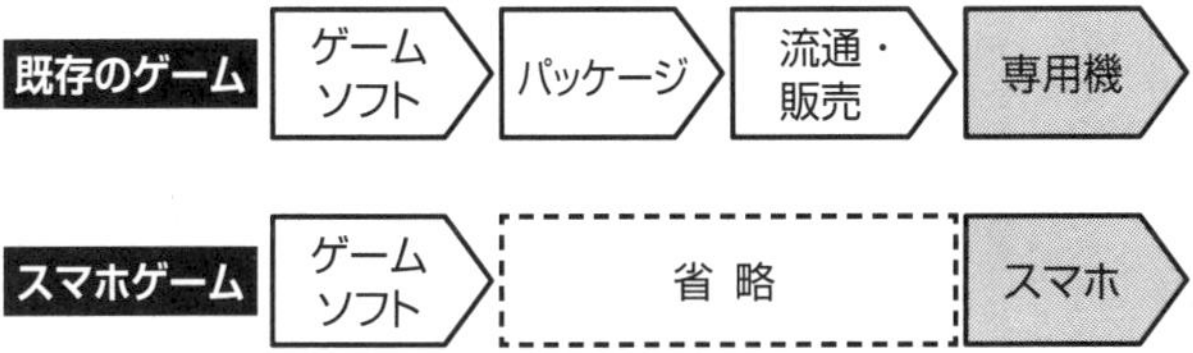

ップアドバイザー」が、これにあたります。利用者は、旅行に関する世界中の情報やクチコミを閲覧できるだけでなく、航空券やホテルの最安値を確認して各旅行会社のサイトに飛び、予約や購入の手続きをすることもできます。

トリップアドバイザーは、さまざまな情報や関連サイトを「束ねる」ことで自社サイトの魅力を高め、より多くの情報や人を呼び込んでいます。利用者にとっても、ワンストップで料金を比較したり、多数のクチコミを閲覧したりすることができるため、使い勝手がよいのです（図表2－3）。さらに最近では、複数の宿泊予約サイトを横断的に検索して、結果を一覧で表示する「メタサーチ」という仕組みもあります。

このように、事業連鎖の一部を「束ねる」ことで、より包括的に、消費者に近いところで稼げるようになります。既存の旅行会社は販売手数料で稼いでいましたが、トリップアドバイザーの収入源は、リンク先へのクリック課金や、スポンサーからの広告収入です。

また、アイスタイルが運営するコスメ・美容サイト「@cosme」も同様にクチコミを束ねて価値を提供している事例です。同サイトでは、クチコミ・ランキングを店舗の販促ツールに使用する際の使用料も収益源としています。

図表2-3 事業連鎖を束ねて消費者に近いところで稼ぐ

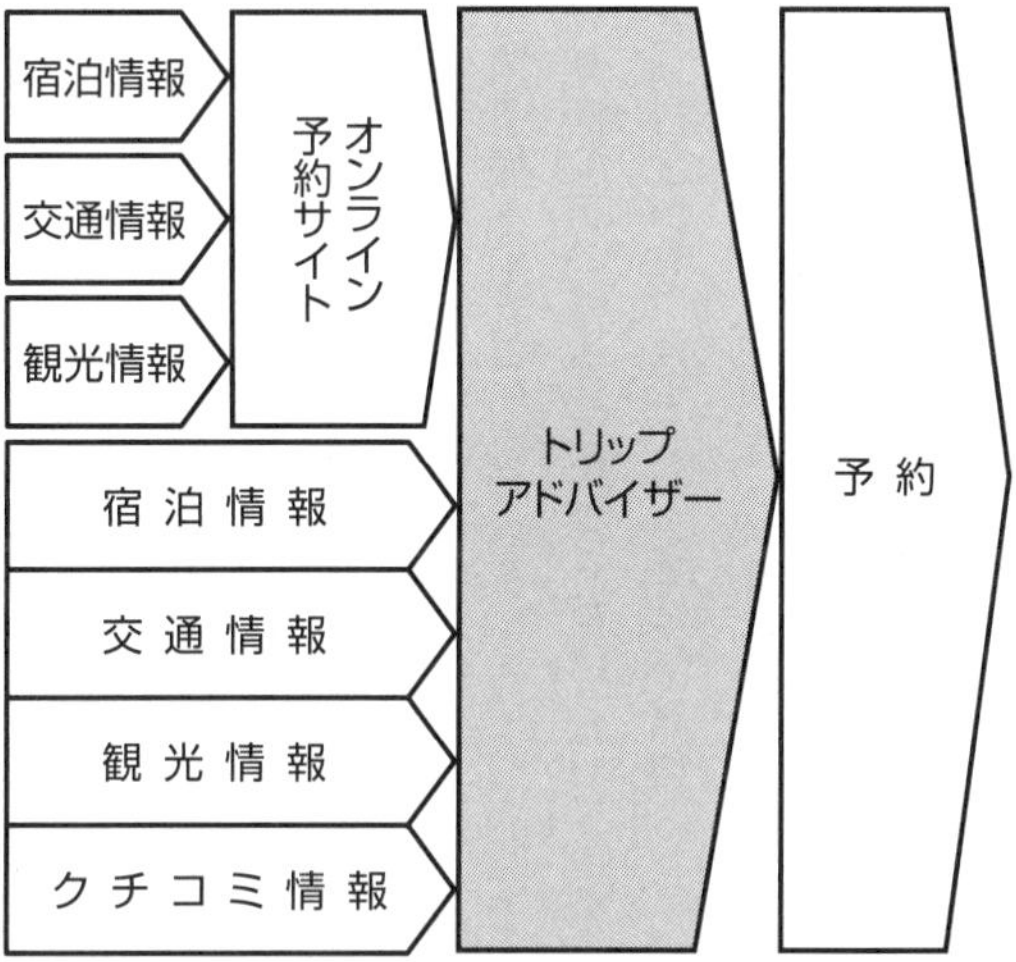

束ねることで儲けの仕組みを変える事例には、ネットを活用して既存の情報やサービスを束ねてしまうものが多いといえます。

「置き換え」で既存プレーヤーに取って代わる

「置き換え」とは、ある要素が別の要素に置き換わってしまうケースです。

本章の冒頭で挙げたLINEの無料通話サービスがこれにあたります。このサービスでは、これまで電話回線を使ってきた通話を、インターネット回線による通信機能を用いた通話に置き換えました（図表2－4）。通話できる相手がかぎられるというデメリットはありますが、料金がかからないという点がメリットです。企業側の儲けの仕組みは、通話料金から、基本サービスを無料としたうえでの課金や広告収入へと置き換わります。

このように、事業連鎖の一部を置き換えることで、より付加価値の高い製品、あるいは利便性の高いサービスを消費者に提供できれば、既存プレーヤーに取って代わることができるようになります。

置き換えは、技術革新によって生じる場合が多いといえます。

図表2-4 「電話回線による通話」を「ネット回線による通話」に置き換える

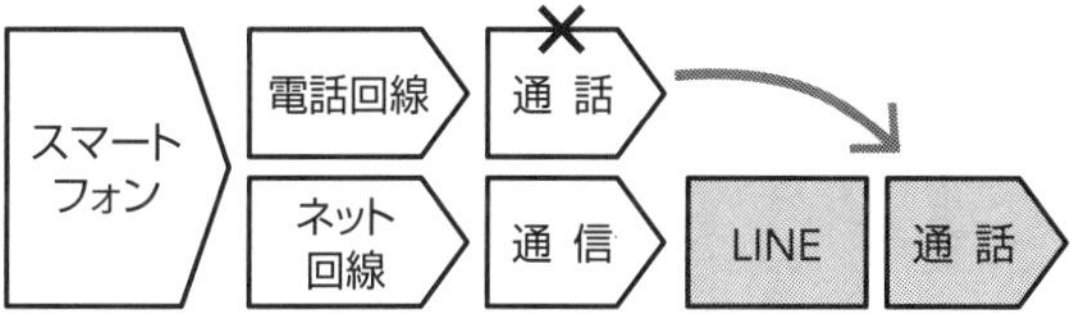

「選択肢の広がり」で既存顧客を奪う

「選択肢の広がり」は、これまでひとつしかなかった要素が、いくつにも分かれていくケースです。より利便性の高い新たな選択肢（となる製品やサービス）を提供することができれば、既存の要素に取って代わることで顧客を奪うことができます。

オフィスでのコーヒー市場に注目してみましょう。実は、この市場には近年さまざまなプレーヤーが参入してきており、競争が激化しています。

まず、オフィスの外にはカフェ運営とともにテイクアウト・サービスも行っているドトールコーヒーやスターバックスなどがありますが、これに加えて、1杯100円でコーヒーを提供する「セブンカフェ」などコンビニエンスストアが新規プレーヤーとして参入しました。

オフィスのなかでは、ユニマットなどのコーヒー販売サービスに加えて、新たにネスレが参入しています。ネスレが始めたこの仕組み（ネスカフェ・アンバサダー）では、オフィスに無料でコーヒーメーカー（バリスタ）が届けられ、インスタントコーヒーの詰替パックをセットすれば、淹れたてのコーヒーを飲むことができます。

また、このネスカフェ・アンバサダー制度では、職場の仲間が自主的に「アンバサダー」となり、ネスレに代わってコーヒー機器のメンテナンスを行うため、コストがほとんどかかりません。ネスレにとっては、詰替パックが継続的に購入されることで定期的に収益があがり、アンバサダーを通じて新製品のサンプルも紹介できる仕組みになっています。

これまで、ネスレはスーパーなどでインスタントコーヒーを販売してきました。しかし、アンバサダー制度でオフィスに入り込むことによって、既存のオフィス・コーヒー市場の顧客を奪っているといえます。

このように、消費者にとっては同じ1杯のコーヒーですが、提供する場所やサービスの程度、価格によってさまざまな選択肢が広がっています（図表2－5）。プレーヤーにとっては、互いの顧客を奪い合うかたちで競争が激化しています。

「追加」で手数料収入を得る

「追加」では、これまでなかった新しい要素が事業連鎖に加わります。特に、既存プレーヤーと消費者のあいだに新たに入り込むことができれば、手数料収入を得ることが可能となります。

図表2-5 オフィス・コーヒー市場で広がる選択肢

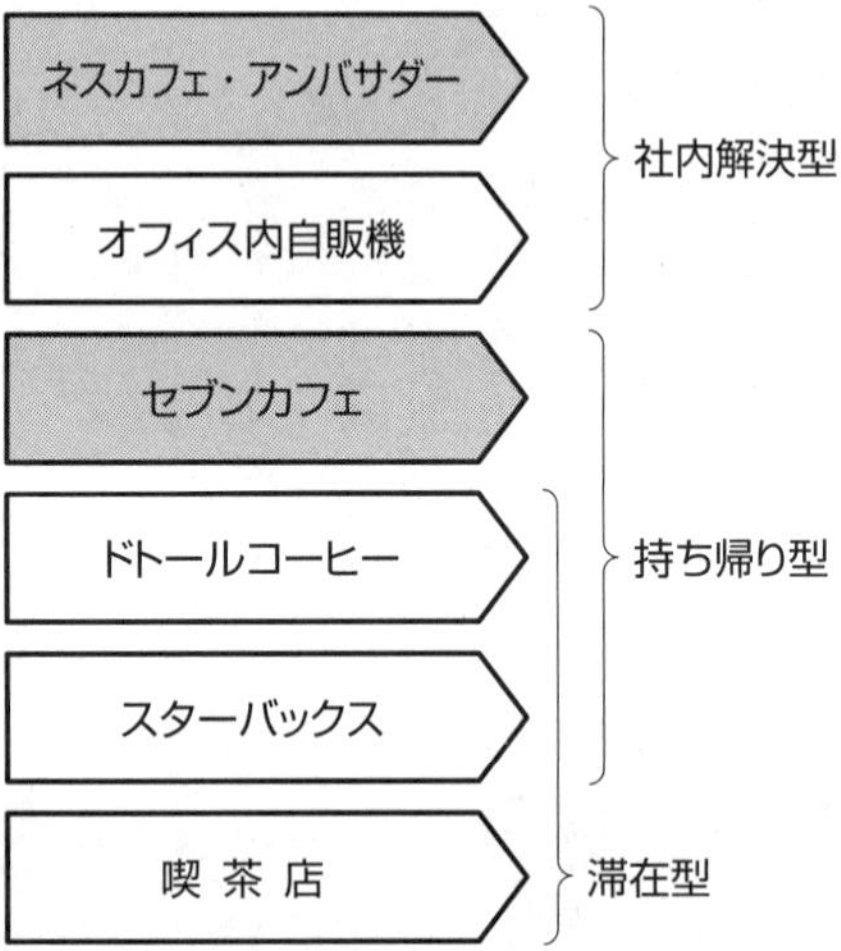

セブン銀行が典型です。セブン銀行は、利便性の高いＡＴＭのサービス拠点として他の金融機関と消費者のあいだに入り込むことで手数料収入を得ることに成功しました（図表２－６）。自社グループの商業施設だけでなく、駅や空港などといった利便性の高い場所に多数のＡＴＭを設置することで、他の金融機関の代理店サービスとしての強みを発揮しています。

２０１６年度には2万３３６８台と、セブン銀行のＡＴＭの数は増え続けています（図表２－７）。また、ＡＴＭを通じた手数料収入が単体の経常収益１１３１億円のうちの１０３７億円と（２０１６年度）、まさに同社の収入の柱であることがわかります。

しかし、今後は、電子マネーや電子決済の普及によるキャッシュレス化の影響も受けるでしょう。収益におけるＡＴＭ手数料の割合は、年々減少傾向にあります。

図表2-6 既存プレーヤーと消費者のあいだに入り込む

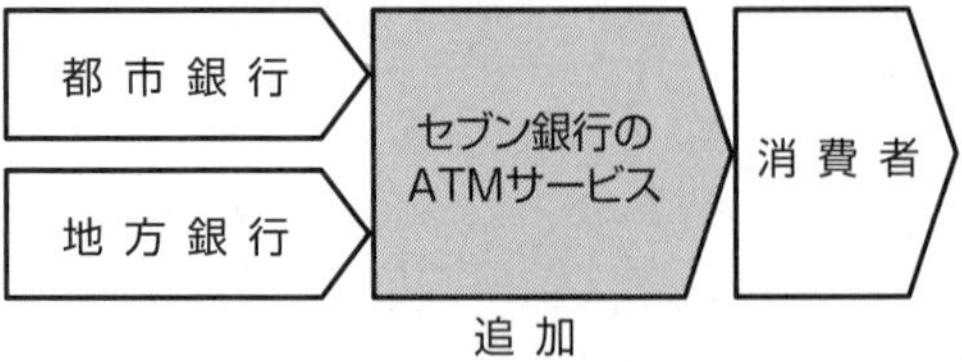

図表2-7 セブン銀行のATM 設置台数の推移

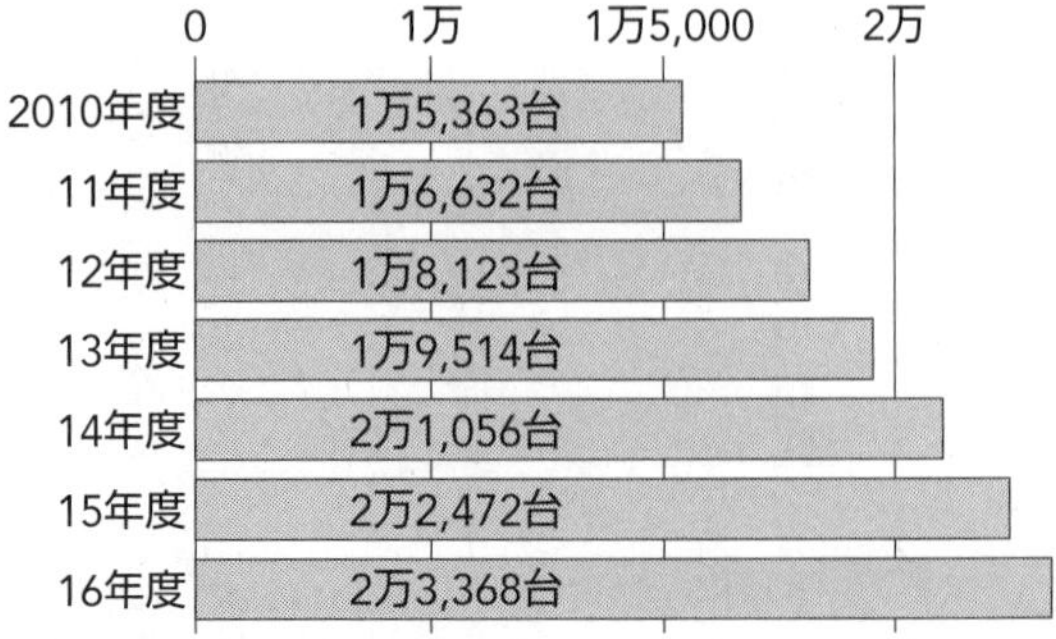

セブン銀行のディスクロージャー資料をもとに作成。

既存の儲けの仕組みを無力化するには

2つの視点——事業連鎖を組み替える

既存の儲けの仕組みを無力化するには、事業連鎖をどう組み替えていけばよいでしょうか。

まずは、自分たちが行っている事業も含めた事業連鎖を描いてみてください。そして、自分たちが持っている強みや資源、製品やサービスを俯瞰して、事業連鎖を見直してみましょう。事業連鎖を読み解くには、消費者が位置する「右側」から、事業の川上にあたる「左側」に向かって機能や活動の流れを見ていくことが重要です（図表2－8）。消費者起点でとらえることで選択肢が見えてきます。

このときに必要な視点は、次の2つです。

1　Who（主体）が変われば、What（提供価値）が変わる

2　How（方法）が変われば、What（提供価値）が変わる

図表2-8 消費者起点でとらえる

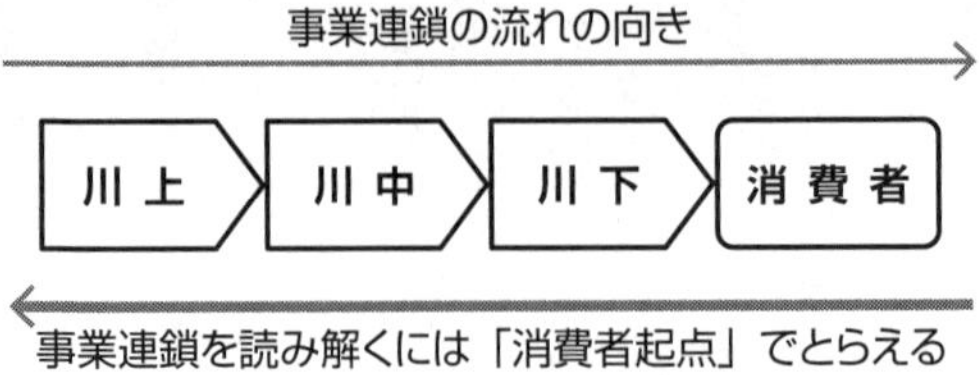

以下では、この2つの視点に沿って事例を見ていきます。

Whoを変える

まず、Who（主体）を変えることについて考えてみましょう。この場合の主体とは、どこでビジネスをするかという自社の立ち位置（ポジション）です。自社の立ち位置を、できるだけ消費者に近いポジションに置いてみてください。そこを戦略の起点として考えます。その先にいるのは、どのような消費者でしょうか。

たとえば、セブン銀行の場合は、「金融機関のサービスを受けたいが、わざわざ支店を探すのはわずらわしい。多少の手数料がかかってもいいので、すぐ近くでサービスを受けたい」という消費者です。セブン銀行では、こうしたニーズを持つ消費者に主体を絞り込むことで、他の銀行とは異なるWhatを提供するために積極的にATMの設置台数を増やしています。

そして、事業連鎖で消費者の手前に入り込むことができれば、「販売代理店」として手数料収入を得ることができます。これは、前節の「追加」の事例でも見たとおりです。

身近なものでは、「iPad魚屋さん」も、販売代理店と呼べる事例です。iPad魚屋さんは街中にある鮮魚店ですが、店にあるのは魚ではなくiPadです。iPadは、北海道小樽市の市場内にある鮮魚店とテレビ電話でつながっており、たとえば「今日は何が入っている?」とお客さんが画面をのぞき込めば、小樽市場内の鮮魚店主がオンラインでこれに答えます。画面越しですが、あたかも実際に小樽の店先にいるような臨場感で買い物をすることができます。iPad魚屋さんは、小樽市場内の鮮魚店から販売額の15%を販売手数料として受け取っています(日経MJ、2013年1月4日。また、その後、吉祥寺の可動式テントから東京都国立市のテナントに店舗を移動)。

LINEの無料通話サービスも、携帯電話会社と消費者のあいだに入り込んだ事例です。このサービスが普及した背景には、LINEのユーザー数の増加があります。LINEでつながっている人には無料通話を利用し、そうでない人には携帯電話会社の回線で通話をするという人も増えているようです。

LINEの無料通話サービスは、携帯電話会社の通話を「置き換え」ることで消費者の手前に入り込み、販売代理店にとどまらず、携帯電話会社の儲けの仕組みを無力化してしまった事例といえます。

このように、「追加」や「置き換え」以外にも「省略」や「束ねる」「選択肢の広がり」といったアプローチによって、より消費者に近いポジションをつかむことができるようになります。

Howを変える

次に、How（方法）、すなわち儲けの仕組みを変えることについて考えてみましょう。

サンリオの「ハローキティ」は、1974年の誕生以来、ロングセラーの人気キャラクターですが、ずっと順調だったわけではありません。同社は2000年代半ば、業績不振に喘いでいました。しかし、その後、09年を境に高収益体質に転じます。

その転機となったのが、海外事業の「自社企画商品販売モデル」から「ライセンス・モデル」への転換です。それまでは自社で企画した商品の販売が中心でしたが、08年より、海外企業にライセンスを供与して収入を得る事業モデルに転換しました。18年時点では130カ国で、ハローキティの商品が販売されています。

また、前述したようにそのライセンス供与には大きな特徴があります。通常のライセンス供与では、ブランドを守るため、キャラクターのデザイン変更は厳しく統制されるのですが、サンリオでは、そうしたデザイン変更に大きな柔軟性を持たせており、これが奏功したといえます。同社は、日本のほか、ヨーロッパや北アメリカ、南アメリカ、アジアのそれぞれに商品の企画販売や著作権の許諾・管理を任せる関連会社を設立し、積極的な拡大策を取っています。

こうした戦略により、限定感のある地域商品の「ご当地キティ」や「コラボキティ」、文化が異なる海外でも受け入れられやすい多数のキャラクターデザインや商品が生まれるなど、世界中のファンに愛されるキャラクター商品のライセンス・ビジネス展開となっています。

これは、How（方法）を変えて顧客が求める価値を提供することで、事業の利益率を高めた事例です。このように、事業連鎖の川上に位置していても、コアになる資産や資源を持つ場合は、その提供方法を変えることで事業連鎖を組み替えて収益を高めることが可能となります。ブランドやキャラクター、秘伝のレシピや技術など、模倣困難な資産や資源であるほど有効だといえるでしょう。

また、ネット専業の保険会社も市場を伸ばしています。ネットを通じたサービスであれば、既存プレーヤーのように支店の維持・運営費や人件費をまかなう必要がないので、そのぶん保険料の安さを武器にすることができます。

既存プレーヤーにとっては、これまで築き上げてきた全国支店網やインフラ網が足かせとなるため、簡単には反撃できません。顧客が安さを求めている場合には簡単に顧客を奪われてしまう事例です。このようにＩＴやスマホを用いて従来かかっていたコストを下げる方法も、Ｈｏｗを変える戦い方のひとつといえるでしょう。

なお、その後、サンリオは、欧米においてライセンス商品の小売量販店等での販売が低迷したことから、再び「自社商品販売モデル」も重視するなどのゲームチェンジを図っています。

秩序破壊型はどこからやってくるか

秩序破壊が発生する2つのパターン

ところで、秩序破壊型は、どこからやってくる、あるいは生まれるのでしょうか。顕在的あるいは潜在的に不便さや不都合さが存在する市場において、秩序破壊型が発生するケースは大きく2つあります。

1　来襲型
2　変身型

ひとつは、市場の外からやってくる「来襲型」です。新たなプレーヤーが、新たな戦い方を市場の外から持ち込むことで、消費者の不利益を解消し、既存プレーヤーの儲けの仕組みを無力化しようとするケースです。セブン銀行やLINE、リブセンスなどがこれにあたります。

もうひとつは、既存市場内のプレーヤーが変身する「変身型」です。既存プレーヤーが自らのビジネスモデルを打ち壊し、新たな戦い方を確立することです。ネスカフェ・アンバサダーなどが、その典型として挙げられます。

以下、この2つのケースについて見ていきましょう。

来襲型の秩序破壊

まずは、市場外から新たな戦い方を持ち込んでくるケースです。多くの場合、来襲型のプレーヤーは、既存市場で必要な経営資源を「持っていないこと」を最大の利とし、それを武器とします。

セブン銀行は、既存の銀行ビジネスに必要なノウハウや人材、大規模な営業網などを持ち合わせていませんでした。また、ＬＩＮＥも、既存の携帯電話会社が有する通信インフラなどを持っていません。リブセンスに至っては、リクルートなど、先行する大規模メディアが持つ莫大な営業人員や拠点網はもちろん、経営資源そのものをほとんど保有していない状態からのスタートでした。

一方、来襲を受ける側の既存プレーヤーは、それぞれの業界で「キー・サクセス・

ファクター（ＫＳＦ）」となる莫大な経営資源を有しており、それこそが競争優位性の源泉でした。新規参入しようにも、同じ競争ルールで戦うかぎりにおいては、まったく勝ち目がなさそうです。

しかし、新しい戦い方を持ち込むことで状況は一変します。ＡＴＭはあくまで顧客サービスの一環であり、それ以外の本業に莫大な経営資源を費やしている既存の銀行にとっては、セブン銀行に対抗してＡＴＭを増やすよりも、むしろ手を組んだほうが（手数料を支払って多数あるセブン銀行のＡＴＭも使えるようにしたほうが）得策です。

セブン銀行にとっては、グループ企業が持つ店舗数が、既存銀行にない武器となります。ＡＴＭの手数料ビジネスは、いかに多くのＡＴＭを設置できるかという数の論理がものをいうビジネスだからです。２０１２年には、国内での勢いをそのままにアメリカのＡＴＭ運営会社を買収して、海外でも同様の展開を始めています。

一方、ＬＩＮＥやリブセンスは、セブン銀行と違って、新たな参入障壁を築くほどの強固な資源を持っているわけではないので、自身と同様に新たな秩序破壊型のライバルが出てくる可能性もあります。

変身型の秩序破壊

既存市場内のプレーヤーが自ら自社のビジネスモデルを打ち壊し、新たな戦い方を確立する場合はどうでしょうか。この場合は、「持っているもの」を新たな視点で活用することで、新しい競争のルールを生み出します。

「ネスカフェ・アンバサダー」は、オフィスにコーヒーマシンを無料貸与する代わりに、マシン専用のインスタントコーヒーの詰替パックを定期的かつ継続的に注文してもらうことで、利益をあげる仕組みです。オフィスのコピー機が、消耗品であるインクカートリッジの交換で利益をあげているのと同じ発想です。

このネスカフェ・アンバサダーは、もともと家庭用に開発・販売されていたマシンをオフィス市場に転用する——すでに持っているものを新しい視点で活用した事例です。

オフィスコーヒー市場には、大きく2つのニーズがありました。ひとつは、時間があるときにおいしいコーヒーを適切な価格で飲みたい、もうひとつは、短時間に高頻度で飲みたいというニーズです。前者はスターバックスやタリーズ、最近ではコンビニエンスストアなどで挽きたてのコーヒーが入手できますし、後者はオフィス内にある自動販売機で買える缶コーヒーや、ユニマットなどが提供する機器サービスから入手できます。しかし、かつてオフィスでも飲まれていたインスタントコーヒーは、前述したような競争相手の出現によって「敗者」になりかけていたのです。そこで考案されたのが、ネスカフェ・アンバサダーのモデルでした。

このように変身型の秩序破壊は、既存市場のなかにあるニーズを新しい視点でとらえ、すでに保有する経営資源と組み合わせることでライバルとの差異化を実現しています。

秩序破壊のインパクトを生むメカニズム

これまで見てきたように、秩序破壊型には「市場外からの来襲型」と「既存市場内での変身型」があり、それぞれ次のような戦い方をしています。

- 来襲型……持っていないことを最大の利として、スピード展開する
- 変身型……持っているものを新たな視点で組み合わせて高い優位性を構築する

来襲型では、展開のスピードが重要です。既存市場での秩序破壊と、秩序破壊後のプレーヤー同士の戦いがほぼ同時に起こるからです。

たとえば、LINEは、圧倒的なスピードでユーザーを取り込み続けています。そうして獲得したユーザー数は、後発者に対する参入障壁になっています。セブン銀行は、圧倒的な数の店舗に、簡易な小型ATMを1台ずつ置くことで展開スピードを担保しています。いずれも結果として、短期間での成功を収めています。

一方、変身型では、すでに持っている資源を組み合わせて高い優位性を構築することが重要です。

ネスカフェ・アンバサダーは、間隙を縫うサービスで既存企業の一部を無力化していますが、特にスピーディーな展開がなされたわけではありません。ただし、他社が真似ようと思っても、一朝一夕にはできない優位性をつくり上げています。他社がゴールドブレンド並みの安心感、バリスタ並みの性能や品質、価格を実現するのは非常に困難です。

秩序破壊型は、①既存市場で秩序破壊が起こるフェーズと、②秩序破壊後の競争フェーズの両方で勝利したとき、大きなインパクトを生み出しています。

第3章

顧客が気づいていない価値を具体化する
——市場創造型

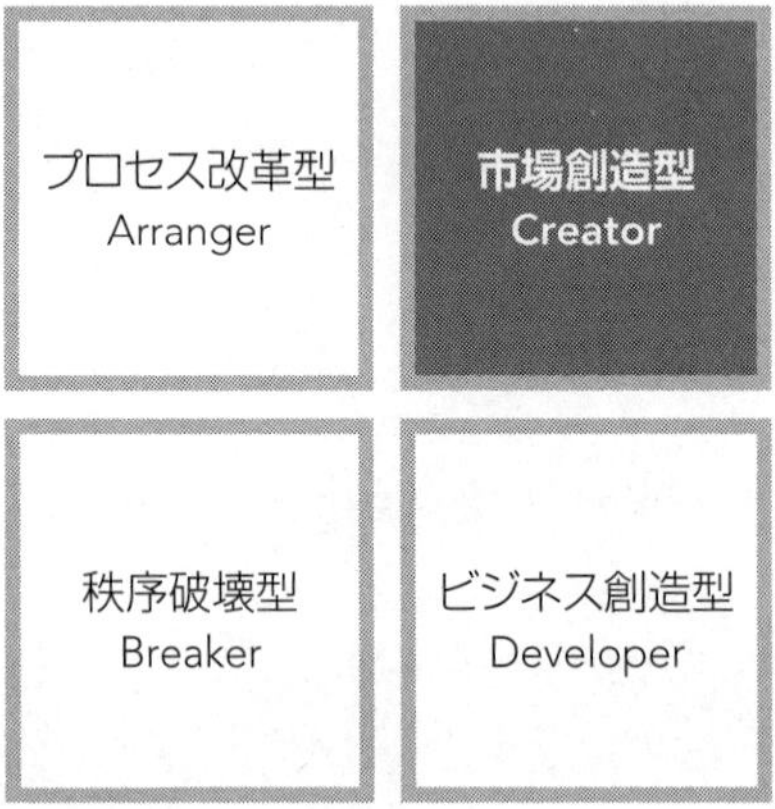
プロセス改革型
Arranger
市場創造型
Creator
秩序破壊型
Breaker
ビジネス創造型
Developer

新たな価値を提案し、競争のルールを変える

台頭するアクションカメラ市場

ユーチューブやフェイスブックなどのソーシャルネットワークで、サーフィンやスノーボードの臨場感あふれる動画を目にしたことがある人は多いのではないでしょうか。これらの多くは「アクションカメラ」と呼ばれる装着型の小型ビデオカメラ「GoPro（ゴープロ）」で撮影されたものです。

GoProは、背面液晶やズーム機能など既存のビデオカメラに標準装備されていた機能を捨てて小型化したのに加えて、耐衝撃性や防水機能などを高めたことで、これまで撮影できなかった角度からの撮影や、スポーツなどの動きのある映像の撮影を可能にしました。

GoProの出荷台数は、２０１１年度１１４万台、12年度２３１万台、13年度３８４万台となっています。一方、ソニーのビデオカメラの出荷台数は、12年度３７０万台、13年度２３０万台といった推移です。ゴープロ社は、09年の発売から5年のあいだに

台数ベースでソニーを抜き、ビデオカメラ市場のトップに躍り出たといえます（図表3－1上段）。

GoProを中心とするアクションカメラは、その後、世界のカメラ市場が成熟するなかで、既存のビデオカメラ市場を上回る規模に成長しています（図表3－1下段）。消費者の潜在ニーズに呼応した新しい市場を創造することで、ビデオカメラ市場の競争のルールを変えてしまったのです。

新市場が既存市場を浸食する

GoProが発売された09年から11年ごろまで、アクションカメラは、ソニーやパナソニックのような大手企業が相手にするような市場ではなく、アウトドアスポーツ愛好家などの少数の消費者に訴求するニッチな市場だととらえられていました。ソニーも20年前に「まめカム」というアクションカメラに近い製品を出していましたが、当時はまだ「カメラを装着して動画を撮る」といったニーズがそれほど多くはなかったのです。

アクションカメラという新市場が成長した背景には、消費者を取り巻く環境や生活

図表3-1 ビデオカメラの出荷台数の推移

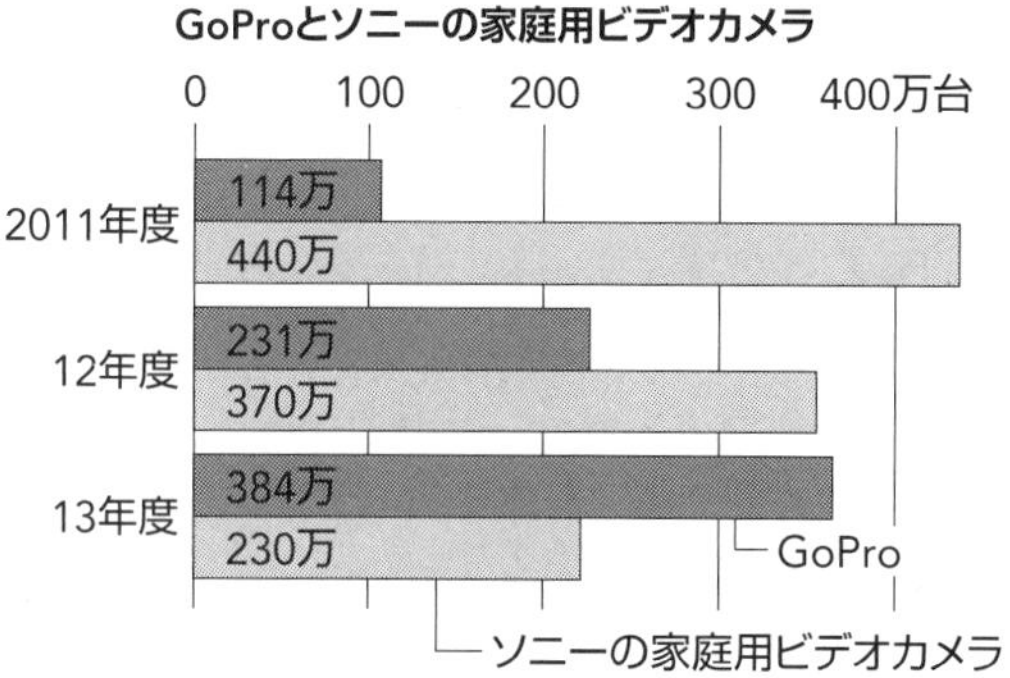

GoProの届出書、ソニーの有価証券報告書をもとに作成。

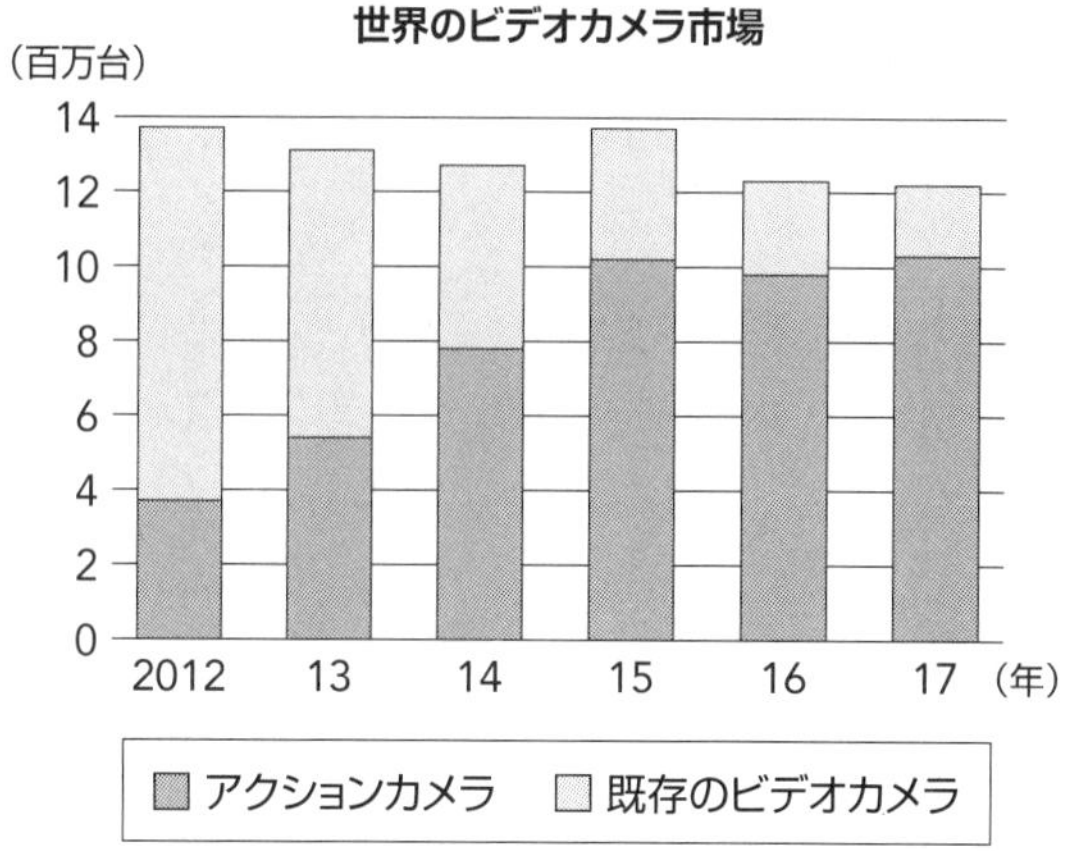

futuresource consultingのレポートをもとに作成。

スタイルの変化、あるいは消費者がこれまで当たり前だと思って無意識に我慢していた潜在ニーズや、それを可能にする技術的なブレークスルーなどがあります。

ひとつは、カメラに求める消費者の価値観の変化です。ソーシャル・ネットワーキング・サービス（SNS）が浸透すると、スマホを持ち歩いて日常的に写真や映像を撮影し、SNSにアップする機会が増えました。写真や映像は、「保存するもの」から「共有するもの」「自己表現の手段」に変わったのです。親しい友人や家族とのあいだでも、映像や画像を媒介にしたコミュニケーションが広がり、話題の動画が注目を集めるといった機会も一般的になりました。

もうひとつは、小型・軽量化といった技術の進歩です。ハイレベルな動画を撮影できるカメラそのものを小型・軽量化する技術や、撮影した映像を低コスト（ほぼ無料）でアップできるようにしたウェブ技術も進化しました。

さらに最近では、業務用カメラなどのハイエンド市場にもGoProの影響が及びはじめています。「HERO3」では、従来の業務用カメラの10分の1程度の価格帯の製品でありながら、放送にも十分に使える映像を撮影することができるようになりました。

また、アクションカメラが普及し、低価格化したことで、放送以外の業務――人が足を踏み入れるのが困難な災害現場や工程管理などの現場での撮影にも使われるようになってきました。新しい製品に誘発されて、さらに新しいニーズが生まれたともいえます。

新たな市場を創造して、競争のルールを変える

このように、儲けの仕組みは従来と同じですが、既存の製品やサービスにはない新しい機能や価値を提供するプレーヤーを「市場創造型」と呼びます。市場創造型は、既存プレーヤーの強みが通用しない新たな市場を創造することで、競争のルールそのものをつくり変えてしまいます。

たとえば、既存のビデオカメラ、なかでもハンディカメラは、子どもの入学式や運動会などの様子を記録に残し、家族で観賞するといった消費者のニーズに応えていましたが、アクションカメラが提供している機能は、これとは異なります。最先端かつ高機能であることを競い合うのではなく、いかに機能を絞り込んで小型化するか、耐衝撃性や防水機能などを高めるかが、アクションカメラの強みです。

常にカメラを持ち歩き、いま自分が何をしているかを撮影してそれを友だちと共有することは、メールやSNS、動画投稿サイトの登場によっていまや当たり前のことになりました。こうした新しいニーズをとらえた新市場が既存市場よりも魅力的であれば、市場創造型プレーヤーの強みはますます存在感を発揮することになります。

こうなると既存プレーヤーはピンチです。市場創造型のプレーヤーは、既存プレーヤーにとって事業がうまくいっていればいるほど、やっかいな競争相手となります。

電子書籍が提供する新しい読書体験

さて、読者の皆さんのなかには、出張や旅行に出掛けた際、駅や空港でのちょっとした待ち時間に手持ち無沙汰になってしまった経験がある人は多いのではないでしょうか。しかし、旅先に持っていける本は1冊か多くても数冊程度です。

また、仕事や趣味で急に「あの本が読みたい」と思い立ったけれども、もう深夜で店舗の営業時間が終了している、明日以降まで待たなければならない、といった経験をしたことはないでしょうか。

電子書籍は、こうした不便さから消費者を解放します。

電子書籍であれば、たとえそれがいつでもどこでも、「あの本が読みたい」と思ったときにすぐ購入して読みはじめることができます。また、たくさんの本を端末に保存して持ち歩くことも可能です。さらには、クラウド環境を利用すれば、ほぼ無制限の蔵書を持ち歩くこともできます。

ここ最近では、NTTドコモの雑誌読み放題サービス「dマガジン」が消費者に新しい利便性をもたらしました。利用者はNTTドコモに月に400円（2018年8月時点）を支払うと、200誌以上の雑誌が読み放題になります。たくさんの本を端末ひとつでいつでもどこでも読めるメリットを低額で提供する「読み放題」は、電子書籍でしか実現しないサービスといえます。活字のコンテンツもKindle Unlimitedや法人向けの電子図書館サービスなどで読み放題サービスが提供され始めています。

本を売って稼ぐという「儲けの仕組み」はこれまでと変わりませんが、電子化することで何冊でも持ち歩ける、いつでもダウンロードしてすぐ読めるといった「新しい価値」を提供しているという点で、電子書籍も市場創造型です。

電子書籍が消費者に提供する「新たな読書体験」という選択肢が、既存の本の需要を奪うことになるのか、あるいは新規需要を掘り起こすことになるのかはまだわかりませんが、競争のルールを根本から変えてしまう可能性があります。

固定電話から携帯電話、そしてスマホへ

携帯電話も、固定電話にとっては市場創造型です。いつでもどこでも通話できるといった利便性を武器に、それまで主流だった固定電話の市場を奪いました。

そして、いまではスマホが、携帯電話に取って代わりました。スマホは、携帯性を維持しながら「通話」だけでなく「通信」、すなわちインターネットを通じたデータ通信サービスを受けられるようにすることで新たな市場をつくり出しました。

また、テレビにも、本来の機能とは異なる競争軸を持った新市場が誕生しています。これまでテレビは、テレビ局が提供する放送番組の「受信機」にすぎませんでしたが、さまざまな映像コンテンツの配信手段が登場したことで、いつでも自分の好きな時間に好きなコンテンツを選んで再生する「出力デバイス」としての機能を持つようになりました。

さらに最近では、ビデオ・オン・デマンド（VOD）や無料動画サイトなど、テレビ局が提供するもの以外の映像コンテンツも増えており、パソコンやタブレットだけ

でなくテレビでも視聴できるサービスが拡大しています。今後、テレビに求められる機能は、ますます「受信機」から「出力デバイス」へとシフトしていくでしょう。

ＩＴ関連にかぎらない

市場創造型は、ＩＴ関連だけではありません。たとえば、特定保健用食品（トクホ）も、市場創造型です。健康維持やダイエットに寄与するという基本的な機能を、運動するよりも手軽な手段で享受できるという利便性を生み出し、新市場をつくり出しました。

さらには、ＪＩＮＳが発売したパソコン用メガネ「JINS Screen（発売時の名称はJINS PC）」、ナガセが運営する大学受験予備校「東進ハイスクール」も、市場創造型です。

JINS Screen は、従来のメガネが持つ「視力矯正」機能に加えて「（パソコンなどのデジタル機器から発せられる）ブルーライトから目を守る」といった機能を持たせることで、パソコン用メガネという新市場を創造しました。

東進ハイスクールは、従来の「教室で行う講義」ではなく「映像講義」を提供することで、部活が忙しかったり、地方に住んでいたりする受験生でも、時間や場所を気にすることなく有名講師の授業が受けられるという新市場を創造しました。

いずれのプレーヤーも、新しい市場をつくり出すことで、競争のルールそのものをつくり替えています（図表3－2）。

市場創造の起点はどこか

利便性の向上か、不便さの解消か

市場創造型のプレーヤーは、これまでになかった新しい製品やサービスを提供することで新市場を創造し、既存プレーヤーに競争のルールの変更を迫ります。

では、こうした戦い方、すなわち新しい製品やサービスはどのようにしてつくられるのでしょうか。第2章でも紹介した「事業連鎖」の考え方を用いることで、新市場がどのようにして生まれたかを分析することができますが、まずは、その前に、市場創造の起点がどこにあるのかを見ていくことにしましょう。

図表3-2 市場創造型がつくり出した新たな市場

既存の製品やサービス		新しい製品やサービス（事例）
家庭用ビデオカメラ	→	アクションカメラ（GoPro）
番組受信	→	映像出力（テレビ）
視力矯正	→	目の保護（JINS Screen）
スーパー、個人商店	→	コンビニエンスストア（セブンイレブン）
飲料、サプリ	→	健康食的機能飲料（トクホ）
固定電話、携帯電話	→	スマートフォン
ライブ講義	→	映像講義（東進ハイスクール）
紙の書籍や雑誌	→	電子書籍（キンドル）

それは、次の2つのいずれか、あるいは両方です。

1　利便性の向上による市場創造
2　不便さの解消による市場創造

両者の違いは、その言葉のとおり、より便利になったか、あるいは不便さを解消したかの違いです。一見すると同じことのように思われるかもしれませんが、プラスをさらにプラスにしたか、マイナスをゼロにしたか（あるいはプラスに転じさせたか）という点で異なります。

たとえば、スマホや電子書籍という新市場は、利便性の向上を起点とする市場創造といえるでしょう。

一方、東進ハイスクールの事例は、不便さの解消を起点とする市場創造です。同校は、従来のような「（都心にある）教室で行う講義」ではなく「映像講義」を提供することで、部活が忙しかったり、地方に住んでいたりする受験生でも、時間や場所を気にすることなく有名講師の授業を受けられるようにしました。

通塾という制約をなくした東進ハイスクール

東進ハイスクールの事例を、事業連鎖で見てみましょう。

予備校ビジネスには、入試突破に必要な知識を得るというニーズを起点に、「教材」「講師」「講義」「模試」といった事業連鎖があります。消費者である予備校生は、それぞれの学力や通学できる曜日などの都合によって受講科目を選択し、決められた時間に、決められた教室に通って講義を受けます。そして、定期的に学力測定の試験を受けます。

この予備校ビジネスの仕組みが持っている暗黙の前提は、主なターゲットが浪人生であるということです。予備校の需要が高まっていった1970年代から90年代前半は、大学入学定員総数に対する受験者数が多く、大学に入学するのが難しい時代でした。少しでもいい大学に合格するために一浪や二浪するのは当たり前で、予備校を必要としている人の大半が浪人生でした。予備校側にとっても、学習時間が長い浪人生のほうが現役生よりも多くの授業料を得られるため、浪人生は魅力的な収入源でした。

また、当時はいまのようなブロードバンド環境がありませんでした。そのため、予備校ビジネスは、かぎられた人気講師の講義をひとりでも多くの生徒が受けられるように組み立てられました。つまり、ターミナル駅の近くに構えた大きなビルの大教室に、決められた時間に通い、大勢の生徒と一緒にライブで一方向の講義を受けるというものです。

しかし、部活動などで時間に制約のある、あるいは地方に住む現役生にとっては、こうした予備校は利用しにくい面があります。塾へ通える日に受けたい授業が開講されているとはかぎらないし、通学経路に教室がなければ通塾に多くの時間がかかるからです。

そうしたなか、東進ハイスクールは「映像講義」を導入することで、講義の質を維持しつつ、時間的・物理的な「制約」を解消したのです。人気講師の講義は撮影され、VODやDVDなどによる映像配信で授業が行われています。

生徒は、自分のレベルや目標に合わせて講義を選択し、好きな時間に受講できます。わからないところを繰り返し見たり、自分の予定に合わせて複数回分をまとめて受講したりすることもできます。これまでのように、決められた時間に決められた場所に通う必要がなくなりました（図表3－3）。

図表3-3 ライブ講義を映像講義に置き換えた東進ハイスクール

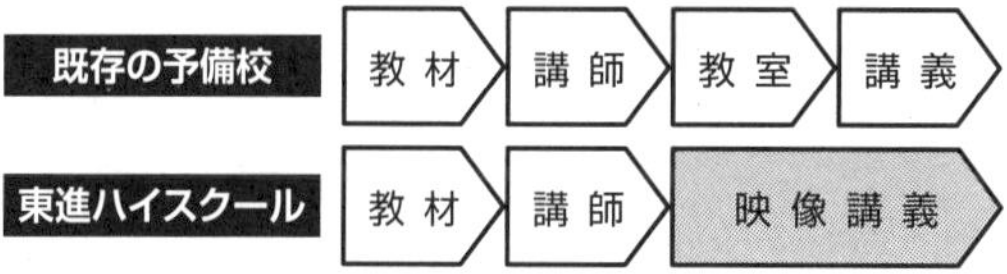

制約をなくして潜在的なニーズを取り込む

映像講義の導入によって、東進ハイスクールでは、教室がターミナル駅の近くにある必要も、大教室である必要もなくなりました。実際、同校の教室の多くは、ターミナル駅にかぎらず、駅前の小さなビルに入っています。

さらには、映像講義ですから「講師の数」という資源の制約もありません。「東進衛星予備校」というフランチャイズで、同じ質の講義を全国展開することによって、地方の現役生のニーズを満たすことができるのです。

1990年代前半以降、不景気に加え、少子化の進展と大学数の増加による「大学全入時代」が本格的になり、現役合格を重視する傾向が年々高まっています。こうした環境のなか、東進ハイスクールが具体化した消費者の潜在的なニーズは、同校を大きく躍進させる原動力となりました。

利便性を向上させたアクションカメラ

これに対し、アクションカメラでは、利便性を向上させたということができます。

前述したように、既存のビデオカメラ、なかでもハンディカメラの事業連鎖は、フィルムカメラやデジタルカメラと同様、「撮影」「保存・観賞」というのが基本的な姿でした。子どもの入学式や運動会など、人生の節目を記録に残し、家族で観賞することが、消費者にとってのニーズでした。

しかし、携帯電話やスマホの登場で、消費者のカメラの使い方に変化が起こります。常にカメラを持ち歩いて、いま自分が何をしているかを撮影し、それをSNSに投稿するということが当たり前になりました。消費者のニーズは、それまでの個人的な「保存・観賞」から、不特定多数の人たちの閲覧を意識した作品の「発信」へと変化しています。

そうした、「発信したい」という新しい利便性の追求に対応したのが、アクションカメラです。カメラそのものを小型・軽量化する技術に支えられて、こうした新しいニーズを起点に生み出された事業連鎖に合致していったのです（図表3－4）。

ニーズかシーズか

このように、市場創造は、利便性の向上を起点とする場合と、不便さ（制約）の解消を起点とする場合の2つに分けられます。いずれの場合も、消費者が抱えている潜

図表3-4 ニーズの変化をとらえたアクションカメラ

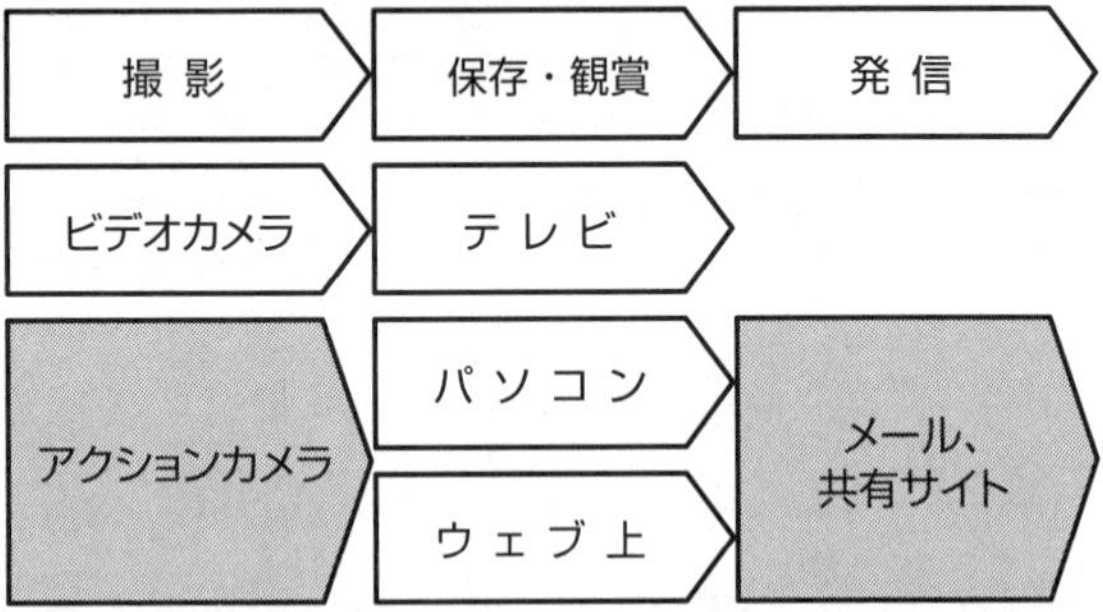

在的なニーズに対応しています。

とはいえ、そうした潜在的なニーズのなかには、消費者自身が意識して望んでいるけれども実現されていないものから、消費者自身も気づいていないものまで、さまざまなものがあります。特に後者については、シーズ、すなわち、事業化や製品化の可能性がある技術やノウハウを活用することによって消費者にニーズを認識させ、これまでになかった新しい市場をつくり出す場合があります。

たとえば、電子書籍やスマホがこれにあたります。「本を読みたいと思ったとき、いつでもどこでもすぐに書籍を購入して読みはじめたい」「携帯端末で、通話だけでなくインターネットもできたら便利だ」といった明確なニーズが最初から消費者にあったわけではありません。しかし、コンピューター技術や、インターネット、クラウドサービスなどの通信技術といった「シーズ」を活用し、そうした製品やサービスが実現することによって、ニーズが顕在化したのです。

この他、これまで別々にあった地図情報と店舗情報を組み合わせることで生まれた新サービスも、「いつでもどこでも情報を検索する」ことができるようになったことで生まれたといえるでしょう。これも、情報検索を可能にする技術（シーズ）があったからこそ顕在化したニーズです。

いずれの場合も、ニーズを実現するための手段として「シーズを翻訳する」ことが必要です。

新たな戦い方を事業連鎖で読み解く

顧客が知らない価値をとらえる5つの視点

では、実際に、事業連鎖をどう組み替えていけばよいのでしょうか。第2章でも取り上げた、事業連鎖の5つのアプローチに沿って見ていきましょう。それは次のとおりでした。

1　省略……中抜きする
2　束ねる……結合する
3　置き換え……代替する

4　選択肢の広がり……選択肢を増やす
5　追加……新しい機能や価値を付け加える

「省略」で不便さを解消する

事業連鎖の一部を「省略」することで、消費プロセスの不便さを解消できれば、新たな市場をつくり出せます。

たとえば、ＶＯＤサービスを提供するプレーヤーは、自宅のテレビやパソコン、スマホで、いつでも好きな番組を見られるサービスを始めました。これは、店舗の「省略」です（図表３－５）。

こうした新市場の台頭によって、店舗型のレンタルビデオ店は顧客を奪われていきます。顧客にとっては、わざわざ店舗に出向いて借りてきたり、見終わったＤＶＤを返却したりする手間がなくなり、便利だからです。実際にアメリカでは、大手レンタルビデオチェーンのブロックバスターが経営破綻に追い込まれました。

省略によって生まれた新市場が消費者に支持されると、顧客が奪われるため、既存プレーヤーは窮地に追い込まれます。さらには、新市場が既存市場に取って代わる恐

図表3-5 VOD が事業連鎖の一部を省く

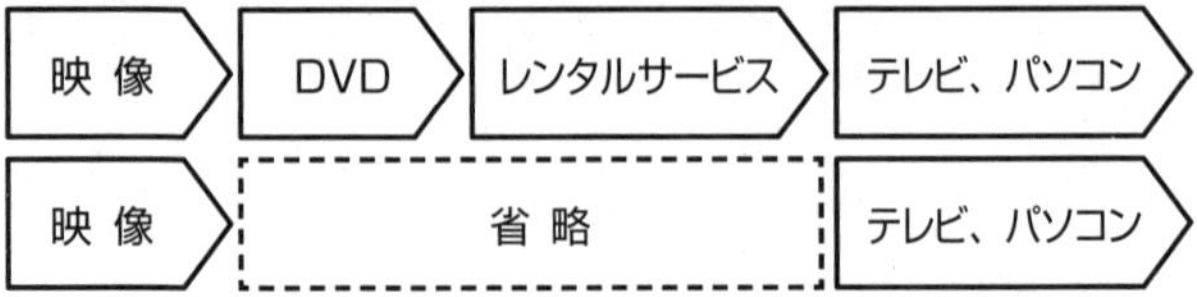

れもあります。

第2章で取り上げた事例にも共通しますが、「省略」では、ネットを活用した事例が多いといえます。

「束ねる」ことで顧客の利便性を高める

事業連鎖における複数の要素をひとつに「束ねる」ことで、顧客の利便性を高めることができれば、新しい市場をつくり出すことができます。

前述しましたが、「通話」機能しか持たない携帯電話に対し、スマホでは「通話」と「通信」という2つの機能を束ねています。1台で通話はもちろん、インターネットを通じたさまざまなサービスを利用することができます。

また、スマホを持つことで、時計や電卓、デジタルカメラ、携帯音楽プレーヤー、スケジュール帳などを持たなくなってしまった方も多いのではないでしょうか。スマホの登場によって、これらもひとつに束ねられてしまいました（図表3－6）。

複数の要素を束ねることで生まれた市場が消費者に支持されると、顧客が奪われるため、既存プレーヤーは窮地に追い込まれます。さらに、新市場が既存市場に取って

図表3-6 通信と通話を束ねる
スマートフォン

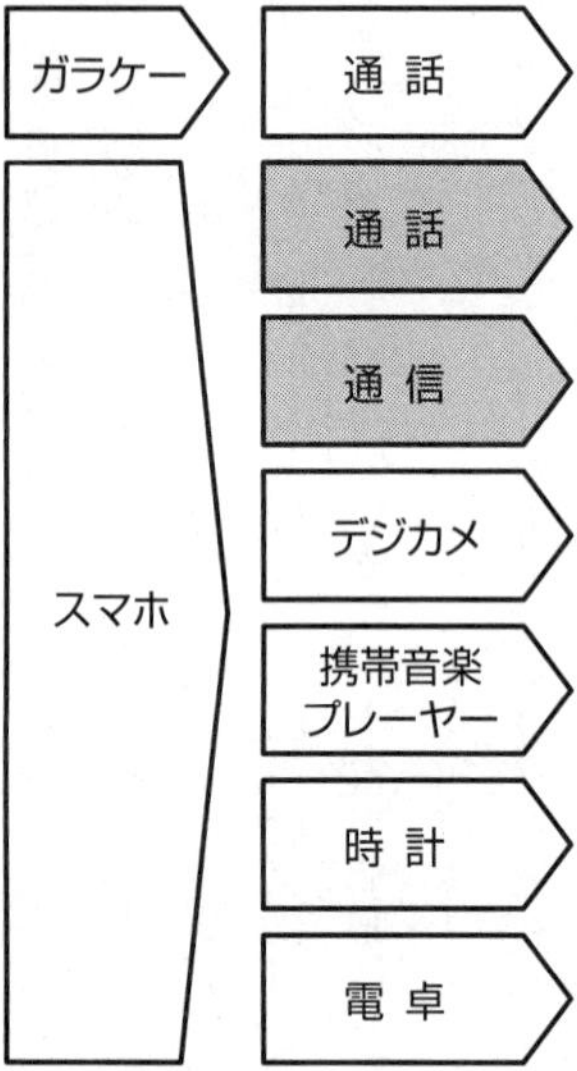

代わる恐れもあるという点は、「省略」の場合と同様です。実際、「ガラケー」と呼ばれる従来型の携帯電話は、スマホへの代替が進んでいます。

しかし、「単に束ねただけではダメ。利便性を高められなければ意味がない」ということには注意が必要です。実際、NTTドコモが1999年に開始したサービス「iモード」も、携帯電話にインターネットの機能を持たせたものでしたが、接続できるサイトが限定的だったため、スマホに対抗できるサービスにはなりませんでした。

「置き換え」で不便さを解消する

事業連鎖の一部を「置き換え」ることで、消費プロセスの不便さを解消することができれば、新しい市場をつくり出すことができます。

前述した東進ハイスクールの事例がこれにあたります。同校は、「ライブ講義」から「映像講義」に置き換えることで不便さ（通塾という制約）をなくし、現役生（特に地方に住む現役生）のニーズをとらえました。有名講師による講義を複製可能にして、時間的・物理的な制約を解消したのです（図表3－7）。

「置き換え」によって生まれた新市場は、それが既存市場を浸食する、さらには既存

図表3-7 ライブ講義を映像講義に置き換えた東進ハイスクール

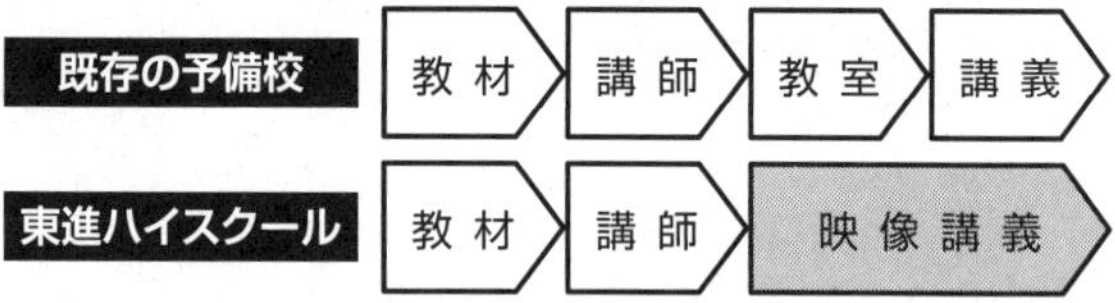

市場に取って代わる場合と、既存市場と食い合うことがない、まったく新しい需要を発掘する場合の2つがあります。

東進ハイスクールの事例には、通学という制約をなくしたことで、潜在的な需要（現役生、特に地方に住む現役生）を掘り起こしたという側面もあるでしょう。

しかし、新市場によって侵食される、さらに取って代わられる場合、既存プレーヤーは窮地に追い込まれます。このとき、既存プレーヤーにとっては、これまでの強みが弱みに転じてしまう恐れがあるので注意が必要です。

たとえば、東進ハイスクールの事例では、同校がつくり出した新市場によって、予備校ビジネスでの競争優位が「都心に大型教室を持つこと」から「講師や講義の質」に変化しました。こうなると、すでに大型教室や多数の職員を抱えている既存プレーヤーにとっては模倣も困難ですし、これまでの強み（都心の大型教室や多数の職員を有していること）が弱みになってしまう恐れもあります。

「選択肢の広がり」として新たな市場を創造する

「選択肢の広がり」とは、事業連鎖の一部において、これまでと同じ機能を異なる手段で提供するケースです。

たとえば、サプリメントや特定保健用食品（トクホ）が、これにあたります。いずれも、健康維持のための運動や食事に代わる、手軽な手段として消費者の支持を得ています。このように、選択肢のひとつとして消費者の支持を得ることができれば、新たな市場をつくり出すことができます。

実は、コンビニエンスストアや宅配便も、それらが誕生したときには、選択肢のひとつとして登場した市場創造型のプレーヤーでした。いずれも高度経済成長期の終わりとほぼ同時期に誕生し、１９８０年代以降、急速に拡大したサービスです。

コンビニエンスストアは、買い物をする場所の選択肢のひとつでありながらも、当時全盛だったスーパーや百貨店とは異なる強み——「遅い時間でも、すぐ近くで買い物ができる」といった利便性を武器に、それまでの小売業の競争ルールを一変させました。

宅急便を始めたヤマト運輸は、個人が小荷物を送る際の選択肢のひとつとして、「電話１本で集荷、翌日配達」といった利便性を武器に新市場をつくり上げました。それまで、個人が小荷物を送る際には、郵便局か国鉄に持ち込むしかなかったのです。

このように、選択肢のひとつとしてどの程度の広がりを持てるかで、他の既存市場を侵食する場合もあれば、(置き換えでも見てきたように)他の既存市場と食い合わない、まったく新しい需要を掘り起こすこともあります。

そのためにも、「かぎられた目的や予算のなかで消費者が何を選ぶか」という視点が重要です。選択肢のひとつとして比較検討する対象のあいだによほどの差がなければ、既存のもので十分だからです。

また、選択肢のひとつとして、既存の機能を完全に代替する場合もあれば、必ずしも既存の機能と同等のものが得られなくても、消費者に代替物として認知される場合があるので注意が必要です。

たとえば、エステやマッサージ、旅行、雑貨などといった、それぞれ異なる製品やサービスが、消費者にとっては同じ「癒しの手段」として求められている場合があります。これは、異業種のプレーヤーが、ひとつの同じ財布を奪い合う競争です。

「選択肢の広がり」においては、思いもよらない他業界のプレーヤーに需要を奪われる恐れもあります。

「追加」で新たな価値を提供する

「追加」は、これまでになかった要素が、事業連鎖に追加されるケースです。

アクションカメラでは、「保存・観賞」に加えて「発信」という要素が追加されました。そうしたニーズにアクションカメラは合致したのです（図表3－8）。

また、「JINS Screen」では、事業連鎖そのものは変わりませんが、事業連鎖が提供する価値（視力矯正）に新しい価値（ブルーライトから目を守る）を追加して新市場を切り拓いています。

このように、「追加」することによって、新しい市場をつくり出すことができます。そして、それが既存市場を侵食する場合もあれば、既存市場と食い合わない、まったく新しい市場を切り拓く場合もあります。

ただし、「追加」においては、模倣が容易だと、既存プレーヤーが次々と参入してくるので注意が必要です。実際、GoPro が切り拓いたアクションカメラ市場には、ソニーやJVCケンウッド、パナソニックなどの既存メーカーに加え、廉価なエントリーモデルを展開する新規参入者が続々と現れました。ゴープロ社は、既存のコアユーザーによる買い換えが進まない一方、アクションカメラに関心のある新規顧客やラ

図表3-8 ニーズの変化をとらえたアクションカメラ

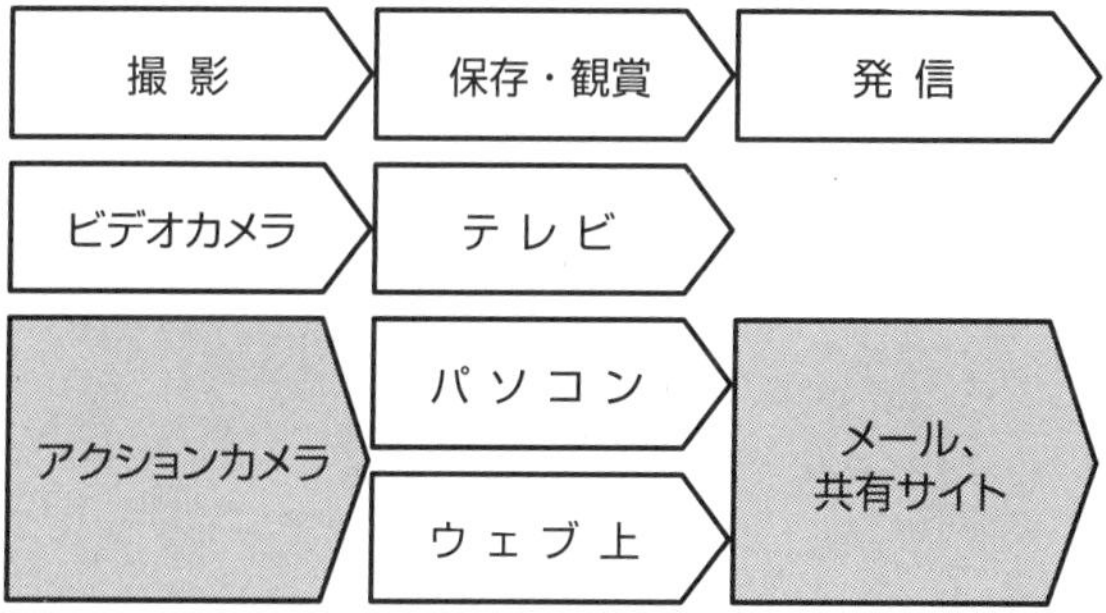

イトユーザーを後発企業に奪われたことなどから、その後、業績が伸び悩んでいます。また、JINS Screen が切り拓いたパソコン用メガネ市場には、Zoff や眼鏡市場などが参入しています。

先行者としては、いかにして自社の製品やサービスの競争優位を維持するかが重要となります。既存プレーヤーにとっては、いかにして先行者利益を最小限にとどめるかに心を砕く必要があるでしょう。

市場創造による価値の獲得に向けて

いかにして利便性を高めるか

さて、前節で取り上げた事業連鎖の5つのアプローチをどのように使えば、利便性を高めたり、不便さを解消したりすることができるでしょうか。

利便性を高めるには、「束ねる」「追加」といったアプローチが有効です。複数の要素をひとつに束ねたり、これまでになかった要素を事業連鎖に追加したりすることで、新しい価値や機能を提供することができるようになります。

例としては、通話も通信もできるし、デジカメや音楽プレーヤーも内蔵されているスマホ（束ねる）や、視力矯正とブルーライト対策を同時に実現するパソコン用メガネ（追加）などが挙げられます。

利便性を高めるには、「これと一緒に何が使えると便利か」「どんな用事が一緒に済ませられると助かるか」「これを使って同時実現したいことが他にないか」といった問いを立ててみるとよいでしょう。

ただし、前述したように、単に複数の要素を束ねたり、追加したりしただけでは、新市場は生まれません。「新たに提供する価値や機能は、本当に顧客が望んでいるものなのか」「それは、顧客が求めるレベルにまで達しているか」といった問いを立ててみることも重要です。

いかにして制約をなくすか

また、不便さを解消するためには、「省略」「置き換え」といったアプローチが有効です。事業連鎖の一部を省略したり、他の要素に置き換えたりすることで、いま抱えている制約を解消することができるようになります。

たとえば、深夜でも本や雑誌を購入でき、大量の本を手軽に持ち運べる電子書籍（省略）、自分の好きな時間に有名講師の授業を受けられる映像講義（置き換え）などが、これにあたります。

不便さを解消するには、「消費者はどこに不便を感じているか」「どうすればもっと手軽に利用できるようになるか」といった問いに答えることが重要です。いかにして消費プロセスを見直すか、事業連鎖を見直すかがヒントになるでしょう。

とはいえ、こうした分類は、仮説づくりのヒントにすぎません。欠かせないのは、消費プロセスへの好奇心、業界常識にとらわれない観察眼、異業種にも広く関心を寄せる洞察力です。

新市場vs既存市場

市場創造型がつくり出した新市場には、①それが既存市場に取って代わる場合と、②既存市場と食い合うことがない、まったく新しい需要を発掘する場合の2つがあります。

「省略」「束ねる」といったアプローチによってつくり出された新市場は、事業連鎖の一部をなくしたり、複数の要素をひとつにまとめたりしてしまうため、既存市場に取って代わろうとする破壊力を持つ場合が多いようです。

店舗型のレンタルビデオ店の顧客を奪うＶＯＤサービス（省略）、時計や電卓、デジタルカメラ、携帯音楽プレーヤー、スケジュール帳などの機能も持つスマホ（束ねる）が、これにあたります。

既存プレーヤーにとっては、顧客だけでなく事業そのものを奪われてしまう恐れがあるため、新市場は大きな脅威です。たとえば、スマホユーザーが増えれば増えるほど、デジカメ市場は縮小し、メーカーは高級機にシフトしています。

一方、「置き換え」「追加」といったアプローチによってつくり出された新市場には、事業連鎖の一部を他の要素に置き換えたり、新たな要素を加えたりしているため、既存市場に取って代わるというより、既存市場と食い合うことがない、新しい需要を発掘する傾向があります。

東進ハイスクールは、自分の好きな時間に有名講師の授業を受けられる映像講義を始めたことで（置き換え）、クラブ活動などで通塾の時間が取れない現役生や、都心の教室に通うのが難しい地方に住んでいる学生といった新しい需要を取り込むことに成功しました。また、視力矯正とブルーライト対策を同時に実現するパソコン用メガネ（追加）も、メガネ市場そのものを拡大させました。

しかし、前述したように、新市場が主流になりはじめると、既存市場を脅かすことになります。そのときには、既存プレーヤーが持っているこれまでの強みが、弱みに転じてしまうこともあるので注意が必要です。

たとえば、すでに都心に大型の教室を構え、大勢のスタッフを抱えている大手予備校が映像講義を始めるのはなかなか困難です。ＶＯＤの登場によって、レンタルビデオ店の「便利な立地」と「豊富な品揃え」も強みではなくなりつつあります。また、アクションカメラ市場と従来のビデオカメラ市場では、製品開発に求められる要素は当然、異なります。

新市場での仕組みの構築

新市場が魅力的だと、多くのプレーヤーが新規参入してきます。アクションカメラ市場やパソコン用メガネ市場に多くの新規参入者があったことは、すでに述べたとおりです。いまやトクホ市場などでも、競争が激化しています。また東進ハイスクールが始めた「映像講義」市場には、リクルートが提供する「スタディサプリ」が参入してきました。「スタディサプリ」はB2CからB2B2C、さらに海外へこの市場を拡大しており、新たなゲームチェンジが進行しています。

しかし、市場創造者が持続的に競争優位を維持している場合もあります。コンビニエンスストア市場をつくったセブンイレブン、宅配便市場をつくったヤマト運輸、電子書籍市場の先頭を行くアマゾン、映像講義の東進ハイスクールなどが、これにあたります。その違いはどこにあるのでしょうか。

それは、新市場の創造者が、単なる製品やサービスにとどまらず、ひとつの仕組みを築いているからです。そうした仕組みが、他社が真似したくても簡単には真似できない理由となっています。

とはいえ、さらに新しい市場が登場してきてそれが主流になれば、これまでの強みが弱みに転じてしまう恐れもあります。市場創造では、単に新しい市場をつくり出すだけでなく、その市場において提供する価値や機能を仕組みとして構築するとともに、そうした仕組みをさらに磨き続ける必要があります。

第４章

新たな事業モデルをつくり出す——ビジネス創造型

プロセス改革型
Arranger
市場創造型
Creator
秩序破壊型
Breaker
ビジネス創造型
Developer

これまでにないビジネスをつくる

経営者や企業の強い思いから生み出された新しい製品やサービスと、新しい儲けの仕組みを組み合わせることで、これまでにない新しいビジネスをつくり出す――それが「ビジネス創造型」です。ビジネス創造型は、顧客に新しい製品やサービスを提供するだけでなく、新しい儲けの仕組みも持ち込んでいるハイブリッド型です。

顧客が気づいていない価値を具体化しつつ（市場創造型）、既存の儲けの仕組みを無力化する（秩序破壊型）のですから、既存企業にとっては、対抗しづらい存在となります。

カーシェアリングが生み出した新市場

これまでクルマを利用するといえば、所有して好きなときに使う、あるいはレンタカーを借りるというのが一般的でした。それに対して、会員組織をつくり、大勢の人でクルマをシェアして使うというのが「カーシェアリング」のコンセプトです。半日以上の利用が基本のレンタカーと異なり、15分単位からの利用を、会員制の課金モデルで提供しています。

近年では「運転はしたいが、クルマを保有したくない」という層が増えているようです。レンタカー市場もこうしたニーズに応えて成長してきましたが、カーシェアリング市場も異業種からの参入企業が増えるなど大きく伸びています。

カーシェアリングでは、保険料やガソリン代もすべて含んで、数百円単位からの利用が可能です。レンタカーでは車両の貸し出しが店舗営業時間内に制限されるのに対し、カーシェアリングでは無人駐車場を活用しているので24時間利用可能です。インターネットで予約することもできます。また、あらかじめ会員登録をするので、そのつど面倒な手続きをする必要もありません。

これなら、近隣での買い物や子どもの送り迎えなどに「マイカー感覚」で利用することが可能です。この手軽さが、「平日の近距離利用」という新しい市場を生み出しています。

「もっとドライバーに価値を提供できる」

とはいえ、企業側からすれば、1利用あたりの売上高が低いので、儲けを出すには回転率を上げなければなりません。そのため、顧客が借りやすい場所に車両が配置されている必要があります。

カーシェアリング大手のタイムズ24は、全国各地で無人管理している時間貸し駐車場「タイムズ」を活用してこれを実現しています。社長の西川光一氏は、「これ（時間貸し駐車場）をベースにもっとドライバーに価値を提供できるのではないかと考えた」（日経ビジネス2013年7月22日号）と事業参入のきっかけを語っています。

車両保有台数は、レンタカー会社トップのトヨタレンタリースが2016年時点で約12万台であるのに対し、タイムズ24は約1・5万台と大きく見劣りします。しかし、拠点数を見ると、トヨタレンタリースの約1200カ所（2016年）に対し、タイムズ24は1万カ所以上（2018年）と圧倒的です。メンテナンスは顧客に代行してもらう仕組みをつくるなど、オペレーションの省力化をはかっています。

既存のレンタカー会社は、保有台数と店舗を確保することで成長を遂げてきました。半日単位の貸し出しが基本で、出払った車両はすぐに帰ってこないため、いかに保有台数を増やして機会損失を防ぐかが、事業を行ううえでのポイントです。しかし、カーシェアリング事業では、1拠点あたりの保有台数を増やしたり、大きな敷地の店舗を確保したりする必要がないため、それほど固定費がかかりません。短時間で低価格の貸し出しを高回転させて収益を得るという、新しい仕組みをつくり上げています。

物流施設建築をバンドルサービスに――大和ハウス工業の「Dプロジェクト」

もうひとつの事例を紹介しましょう。大和ハウス工業の「Dプロジェクト」です。Dプロジェクトとは、大和ハウス工業が顧客企業の物流施設の開発に資本参画し、さまざまな提案をすることによって収益をあげている事業です(図表4－1)。

その背景には、物流施設市場の伸びがあります。リーマンショック以降冷え込んでいた建設業界で、唯一成長していた建築物が物流センターです。2011年以降、大型物流施設の開発ラッシュが続いています。

その需要を牽引しているのがネット通販です。いまや流通総額11兆円超ともいわれる通販市場。そのなかでもネット通販企業の物流拠点への投資欲がその流れを後押ししています。

図表4-1 物流施設建築のバンドルサービス

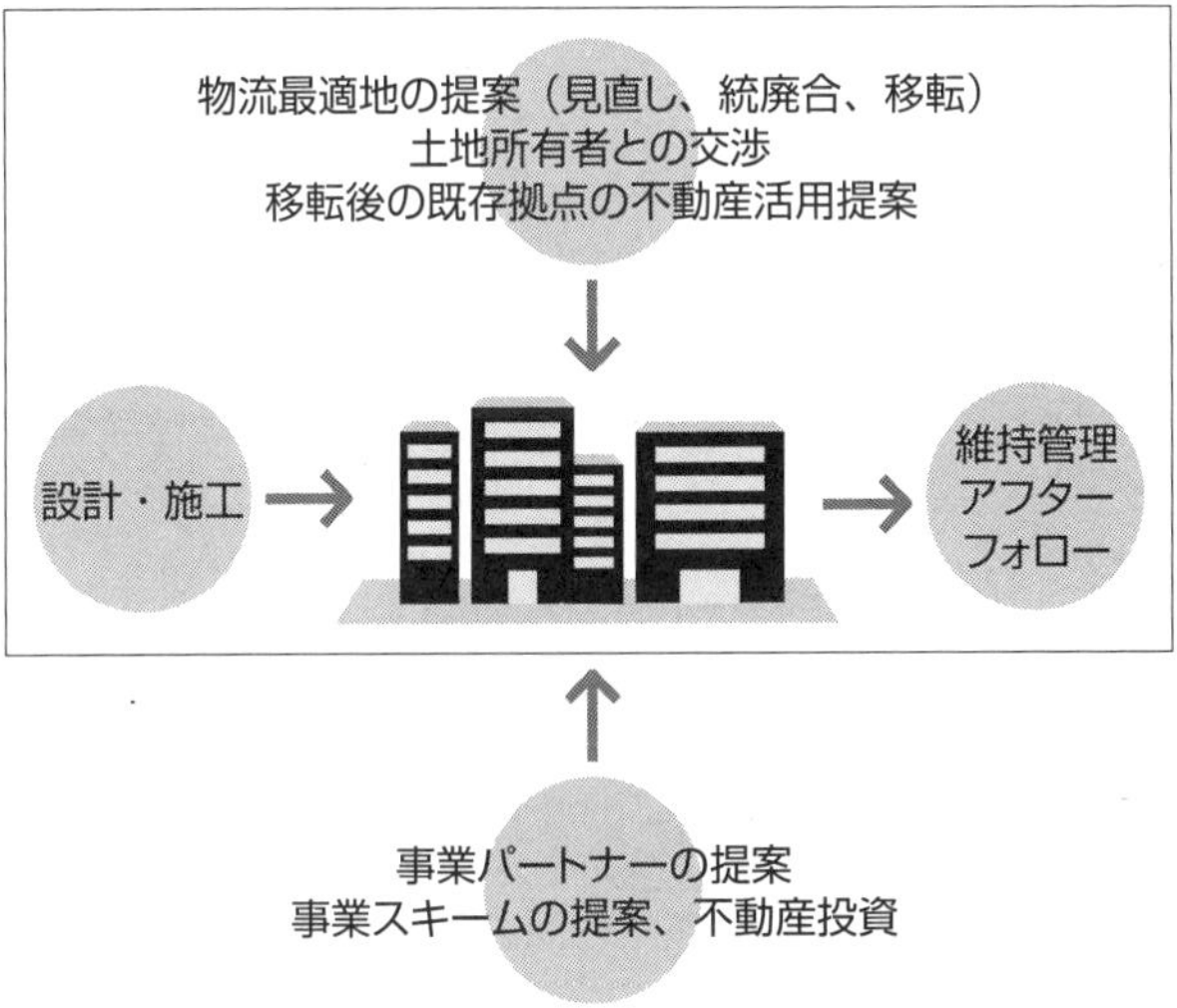

同社のホームページをもとに作成。

また、大型物流施設の開発ラッシュを加速しているのが、工場の海外移転や閉鎖などで生じる遊休不動産です。東日本大震災以降、耐震性に優れた大型物流施設への評価が高まっていることも、需要を押し上げる要因となっています。

大和ハウス工業がこの市場に持ち込んだ新しい切り口は、顧客企業に対するフルサポート・サービスです。顧客企業の物流戦略に合わせ、拠点として最適な土地を提案、施設の建設や維持管理などをきめ細かくサポートしています。施設完成後の運営にシステム会社や人材派遣会社が必要となれば、その分野の専門家と協力体制を結んで顧客企業のニーズに応えます。

また、借地事業での提案もしています。案件によっては総投資額が数十億〜数百億円にもなるなか、大和ハウス工業が土地や施設を保有して顧客に貸し出すという提案です。顧客企業にとっては負担が大きい初期投資が抑えられるだけでなく、固定資産を持たずに最新の物流施設を活用でき、さらには運営もサポートしてもらえます。将来的に移転などの事態が生じたときにも、柔軟な対応が可能です。

こうした「バンドルサービスの一括提供」は、企業のロジスティクスにかかわるコスト判断を一変させてしまいました。物流施設の建築では、用地取得から設計・建設まで、さまざまな局面でコストや業者選択、納期といった専門知識が必要とされますが、バンドルサービスになったことで財務部門や経営層が検討できるものとなったのです。さらには、自社で不動産を取得する体力のない企業にもサービスを提供できるため、新しい顧客層が開拓されています。

Dプロジェクトは、物流施設の建築をバンドルサービスに変えたことで、新しいビジネスをつくり出しています。同プロジェクトが開発した施設は、2003年から13年までに100棟、延べ60万坪以上に達しています。

賃貸住宅と物流倉庫の共通点

大和ハウス工業は、建設業者だけでなく不動産業者や金融業者、倉庫運営者としての側面も持つことでバンドルサービスを提供し、中期的に儲ける仕組みを構築しています。これを可能にしているのが、同社が持つハウスメーカーとしての強みです。

たとえば、用地取得にも、それが活かされています。最適な物流拠点を提案するためには、規模や立地条件を満たすものでなければなりません。同社は、住宅事業で培ったネットワークを活かして全国から優良な土地情報を集め、交渉を行っています。

また、賃貸形式での契約やアフターサービスでも、ハウスメーカーの強みが活かされています。

既存の建設会社が提供する商品は「設計・調達・建設」で、いかにして低コストかつ高品質な「建屋」を納品するかが決め手となります。そのため、建設会社の競争優位性の源泉は、設計技術やプロジェクトマネジメント力、下請けネットワークなどの知識やノウハウでした。それは、オフィスビルや分譲マンション、大型商業施設などの建築物で大いに発揮されます。しかし、物流施設建築で求められているのは、物流倉庫という「箱」ではなく、効率的な「運営」です。

大和ハウス工業は、土地情報から建設、運営までトータルソリューションで提供することで、新しいビジネスをつくり上げたのです。

カカクコムが生み出した新市場

第1章で取り上げた価格比較サイト「価格.com」も、ビジネス創造型の代表例です。価格.comが提供しているサービスは、価格比較情報とユーザーのクチコミです。こうした情報はこれまで、ユーザーが自分で調べるしかありませんでした。

また、新しい儲けの仕組みも持ち込んでいます。カカクコムは、サイトの利用者からお金を取っていません。小売店からの広告出稿料と、同サイトからそれぞれの小売店のサイトへ消費者が移動した場合の手数料を収入源としています。さらには、価格比較リストに載せる手数料、あるいはメーカーへの商品企画提案コンサルティング料なども収入源とするなどして、新たな儲けの仕組みを構築しています。

「他店より1円でも高い場合はお申し付けください」。これは、かつて家電量販店の店頭で掲げられていたキャッチフレーズです。実際に申し出る顧客がどれだけいたのかはわかりませんが、売り手と買い手の情報の非対称性に依拠した低価格の訴求方法でした。しかし、価格.comでの手軽な検索が一般化するにつれて、その効果は希薄になってきています。

また、価格比較サイトの登場によって、小売店で確認した商品をその場では買わず、ネット通販によって店頭より安い価格で購入する人が増えています（ショールーミング）。家電販売で売上日本一を誇るヤマダ電機が、2013年9月中間連結決算で23億円の赤字に転落したのも、こうした現象による影響が少なからずあるでしょう。

価格競争で競合店としのぎを削る小売業界を背景に、消費者に価格比較情報を提供して収益をあげていくカカクコム。消費者からの支持があるかぎり、この先も成長していくでしょう。

ビジネス創造の起点は何か

ビジネス創造型では、ニーズやビジネスモデルがはっきりしないなかで、いかにビジネスを形づくるかがポイントです。

創業者の思いつきや熱い思いが新しい製品やサービスの創造の原動力となり、儲けの仕組みはその後からついてくることもあります。また、技術や仕組みを先に思いつき、それを活用できる市場（ニーズ）を後から見つける場合もあるでしょう。成功のカギは、イマジネーション（想像力）とイノベーション（創造力）の両方を結びつけることです。

こうした結びつきを計画的に生み出すことはできませんが、その成り立ちにはいくつかのパターンを見ることができます。第3章で「ニーズかシーズか」という視点を紹介しましたが、これをベースにしながら、そこにどんな新しい儲けの仕組みが持ち込まれたかを見ていくことにしましょう。

App Storeによるシーズ起点のビジネス創造

タイムズ24のカーシェアリング事業は、「時間貸し駐車場をベースに、もっと多くの価値をドライバーに提供できないか」という考えによるものでした。これは、シーズ起点の市場創造といえます。これと同じパターンだと考えられるのが、アップルのiPhoneです。

2007年、スティーブ・ジョブズは「アップルが電話を再発明する」と宣言してiPhoneを世に送り出しました。その言葉どおり、電話市場そのものをつくり替えてしまう存在になりました。

しかし、「音楽、通話、通信の3つの機能を1つの革新的なデバイスに統合した」というプレゼンテーションを聞いた当時の聴衆のなかに、その破壊力を正確に予想できた人はどれだけいたでしょうか。スマホという機器自体は、アップルが発明したものではありません。ジョブズがプレゼンテーションのなかで「スマートじゃないスマートフォン」と揶揄したように、すでにリサーチ・イン・モーション（現ブラックベリー）やノキアからもスマホが発売されていました。

そうしたなか、アップルは、操作性に優れたインターフェースを持つ革新的な端末を発売し、それまでビジネスマンにかぎられていたスマホ市場を一気に拡大しました。いまや日本国内では、スマホの世帯普及率は7割、個人保有率は5割を超えています（平成29年版総務省「情報通信白書」より）。

さらにアップルが持ち込んだのが、端末を通じてさまざまなアプリケーションを販売するという仕組みの「App Store（アップストア）」です。App Storeでは、そこで販売するアプリケーションの開発者から販売手数料を取ります。この考え方は、それまでにない新しい儲けの仕組みでした。世界中に数百万人といわれるサードパーティに自社の基本ソフト「iOS」のコードを公開し、「アプリ販売プラットフォーム」という新しいビジネスを拡大していったのです。

セールスフォース・ドットコムによるシーズ起点のビジネス創造

CRMソリューションを中心としたクラウドコンピューティング・サービスを提供

するセールスフォース・ドットコム。そのアプリケーションビジネスも、シーズ起点のビジネス創造です。

同社のビジネスの最もユニークな点は、追加が容易な拡張機能（AppExchange アプリケーション）と、そのための開発言語（Apex コード）をサイト上で公開していることです。これによってユーザーや外部ベンダーは、アプリケーションを自由にカスタマイズすることができます。

さらには、そうしてカスタマイズしたアプリケーションを、商品としてセールスフォース・ドットコム上に登録し、販売できるのです。同社が掲げる「ユーザーの、ユーザーによる、ユーザーのためのビジネス」が、ここにあります。

同社では、カスタマイズしたアプリケーションの開発者から販売額に応じた手数料を取っています。これは、「自社で開発したソフトをユーザーに販売する」という既存の業務用パッケージソフトメーカーとはまったく異なる儲け方です。セールスフォース・ドットコムは、「恒常的にアップデートされるアプリケーションビジネス」という新しいビジネスを創造し、成長を遂げています。

ＭＯＯＣｓによるニーズ起点のビジネス創造

一方、ニーズを起点として生まれた新ビジネスに、「ＭＯＯＣｓ（Massive Open Online Courses）」があります。ＭＯＯＣｓが提供しているのは、有名大学の授業をインターネットを通じて無料で受けられるサービスです。

講義はインターネット配信を前提につくられており、15分程度の長さで映像を区切るなど、スマホでの視聴も意識しています。また、登録する際に必要な資格や要件はなく、誰でも視聴可能です。まさに、いつでも、誰でも、無料で、世界で最も上質な授業を手軽に受けられるのです。これによって、教育の機会を大きく広げたといわれています。

このように利用者側にとってはいいことずくめのＭＯＯＣｓですが、無料講義の広がりは大学側にとって脅威となる恐れがあります。医師や弁護士の受験資格の前提となるプロフェッショナルスクールや、学生同士のネットワーキングを提供するビジネススクールはともかく、授業の質やインタラクティブ性のあるネットワークが保証できない教育機関にとっては、よい存在とはいえそうにありません。自分たちの収益機会を破壊する恐れがあるからです。

一方で、MOOCsは、ビジネスとしてはまだ試行錯誤が続いています。パーソナルコーチをつけたり、修了証書を有料で発行したりするなどといった儲けの仕組みも限定的で、科目修了まで至る人が少ないといわれています。2016年には、ハーバード大学とマサチューセッツ工科大学で受講者数が急減したという報道もありました。とはいえ、まずは新しいサービスを開発し、そこに新しい儲けの仕組みを持ち込んでいこうとするアプローチは、ニーズ起点のビジネス創造型だといえます。

ゴルフダイジェスト・オンラインによるニーズ起点のビジネス創造

もうひとつ、ニーズを起点にしてビジネスを創造した例として、ゴルフ場予約のプラットフォームを運営する「ゴルフダイジェスト・オンライン」が挙げられます。ゴルフダイジェスト・オンラインでは、それまで各ゴルフ場が単独で行っていた予約受付と、インターネットを組み合わせました。

国内のゴルフ人口は約550万人といわれています（日本生産性本部「レジャー白書2017」）。これまでその中心を支えてきた団塊世代は15年にすべてリタイアし、前期高齢者（65〜74歳）に仲間入りします。約2兆円とスポーツ関連分野で圧倒的な規模を誇るゴルフ市場ですが、プレーヤー人口だけで見ると市場規模の縮小が避けられない状況です。しかし、ゴルフダイジェスト・オンラインは、そのなかでも成長を続けており、2018年3月時点の会員数は343万人です。

それまでのゴルフ業界は、売り手目線のビジネスでした。会員以外のビジターからすると、料金がわかりにくく高額で、会員の紹介がないと予約しづらい状態でした。しかし、ゴルフダイジェスト・オンラインは、この商習慣に風穴を開けたのです。国内には2290カ所のゴルフ場がありますが、ゴルフダイジェスト・オンラインではそのうちの約9割にあたる2086カ所のゴルフ場をネットで予約することができます。

また、ゴルフダイジェスト・オンラインは、予約するユーザーに対して、さまざまなサービスを提供しています。会員権やゴルフギア、アパレルなどの販売、中古品の買い取り・販売などです。これまで業界内の各企業が別々に行っていたゴルフ関連ビジネスをほぼすべてネット上で統合したのです。

ほとんどの経費が固定費であるゴルフ場にとって、稼働率向上はビジネスを続けていくための生命線です。顧客が高齢化し、接待ゴルフなどの法人需要が減るなかでは、プライベートのビジター客を集めなければ生き残ることができません。そのため、各ゴルフ場には、決して安くない手数料を支払ってでもゴルフダイジェスト・オンラインと組む価値があるのです。２００３年に０・６％だったゴルフ場利用者に占めるゴルフダイジェスト・オンライン利用者の割合は、２０１６年には６・２％と伸びています。

しかし、ゴルフ場予約ビジネスには、ビジターが増えたせいで予約しづらくなったという不満がメンバーに生まれたり、その結果、会員権を手放したりするリスクもあります。それでもこのビジネスをつくり出せたのは、社長の石坂信也氏がゴルフ業界の常識に染まっていない他業界の出身者だったからです。石坂氏は創業の経緯をこう語っています。

「商社に勤めていたとき、ゴルフコンペの仕切りが憂鬱でした。参加者の希望が叶うのか、費用はいくらかなど、いろんなゴルフ場に電話しなければ比較できませんでした。しかし、アメリカへ留学してゴルフ場のクチコミサイトを見たとき、こんな便利なものがあるのかと驚きました。利用者のクチコミ情報が的確で、すごく役立ちました」

ゴルフダイジェスト・オンラインは、ゴルフ業界関係者の視点ではなく、プレーヤーの視点からゲームチェンジを起こしたビジネスであるといえます。

ここまで紹介した事例をまとめたのが、図表4－2です。

新しいビジネスを創造する4つの要素

時間貸し駐車場があったから事業をスタートできた

タイムズ24がカーシェアリング事業を立ち上げることができたのは、すでに同社が全国各地に持っていた時間貸し駐車場を活用できたからでした。また、大和ハウス工業が物流バンドルサービスの「Dプロジェクト」を展開できたのは、同社が持つハウスメーカーとしてのネットワークを活かすことができたからです。

新しいビジネスを創造するためには、新しい製品やサービスと新しい儲けの仕組みが必要ですが、もう少し視点を広げて、どんな経営資源があったからできたのか、どんな顧客層をターゲットにしたからできたのかといった側面についても見ていくこと

図表4-2 ビジネス創造型の事例

		新しい製品やサービス		新しい儲けの仕組み
シーズ起点のビジネス創造	アップストア	アプリ販売プラットフォーム	×	アプリ販売手数料
	セールスフォース	アプリ販売プラットフォーム	×	アプリ販売手数料
ニーズ起点のビジネス創造	MOOCs	無料オンライン教育	×	修了証の発行手数料
	ゴルフダイジェストオンライン	ゴルフ場の代行予約	×	送客手数料

にしましょう。これら4つの要素が結びついて顧客に提供する価値が生まれます（図表4－3）。

自家用車のような手軽な近隣利用

以下では、タイムズ24と大和ハウス工業の事例についてそれぞれの4要素を見ていきます。まずはタイムズ24のカーシェアリングサービスです（図表4－4）。

経営資源　もともとタイムズ24は駐車場の機器メーカーでした。そこで培った知識やノウハウを活かして、自社で駐車場運営を始めたのです。それが、全国各地約1万5000カ所（2014年10月）に展開する時間貸し駐車場「タイムズ」です。さらに09年にはマツダレンタカーを買収します。これが、同社のカーシェアリングサービス「タイムズカープラス」の展開の基礎となったのは、すでに述べたとおりです。

製品・サービス　そのなかでも特に、駐車場機器、駐車場、車両という3つの経営資源を揃えたことが、「無人駐車場でクルマを貸し出す」という新サービスの提供を可能としました。あらかじめネットや電話で予約を入れた会員は、予約時刻に駐車場に出向き、会員証（非接触式ＩＣカード）でドアロックを解錠、それを車内に設置さ

図表4-3 提供価値を構成する4要素

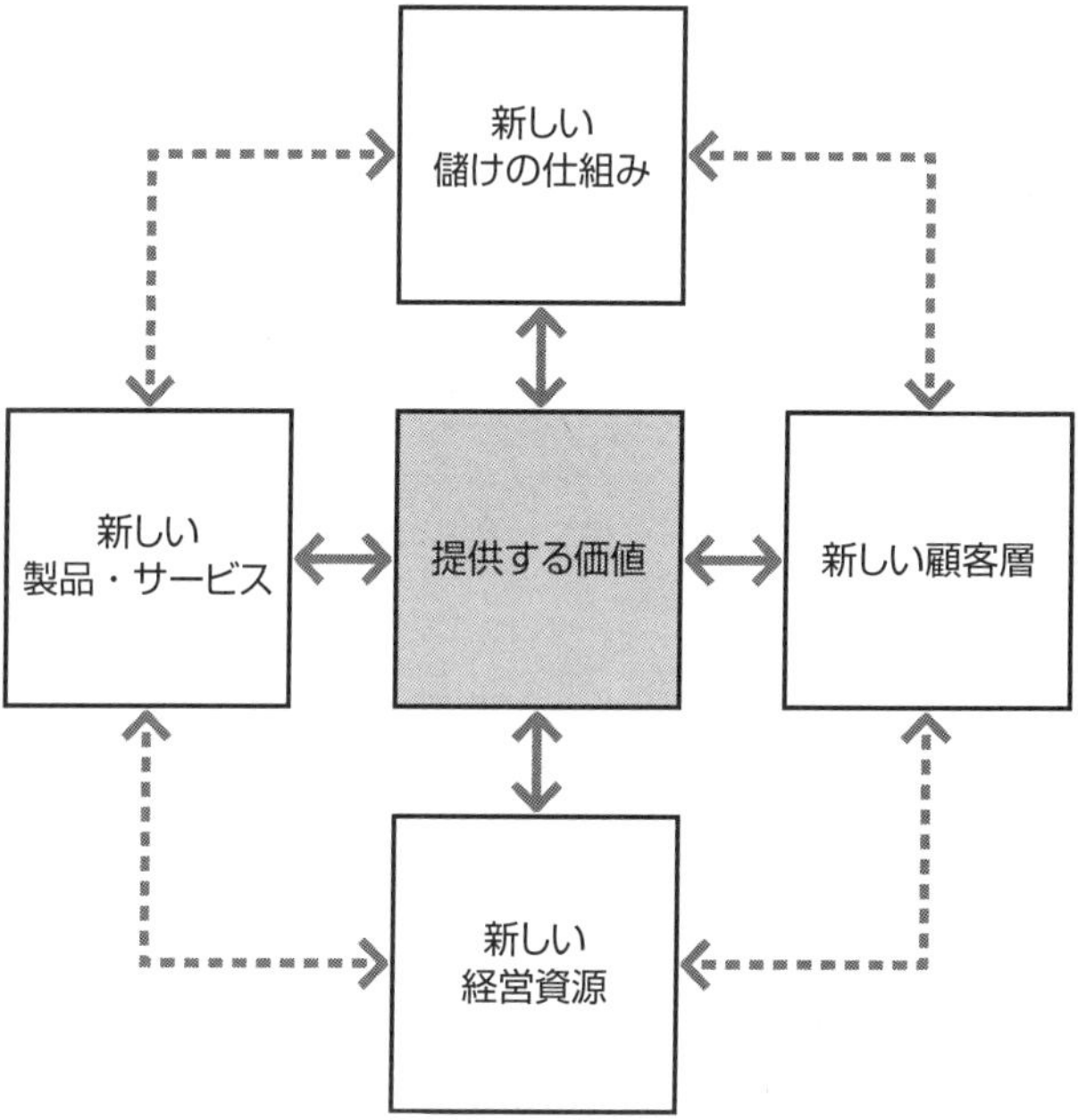

図表4-4 カーシェアリング事業を構成する4要素

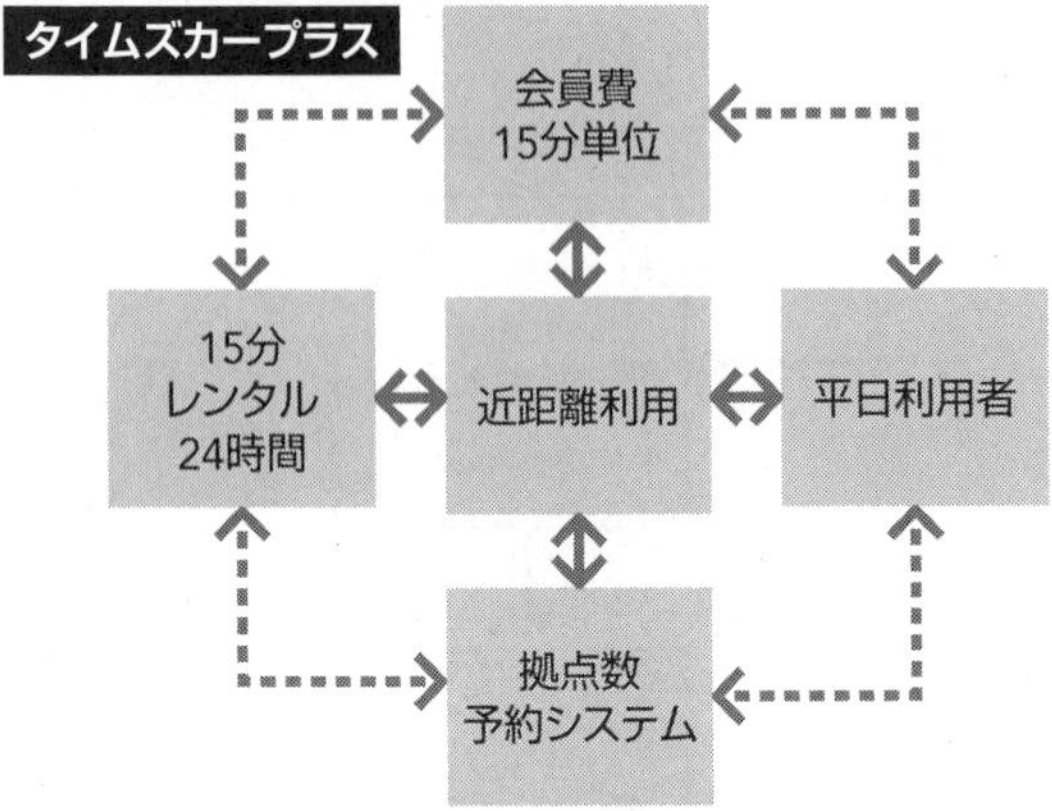

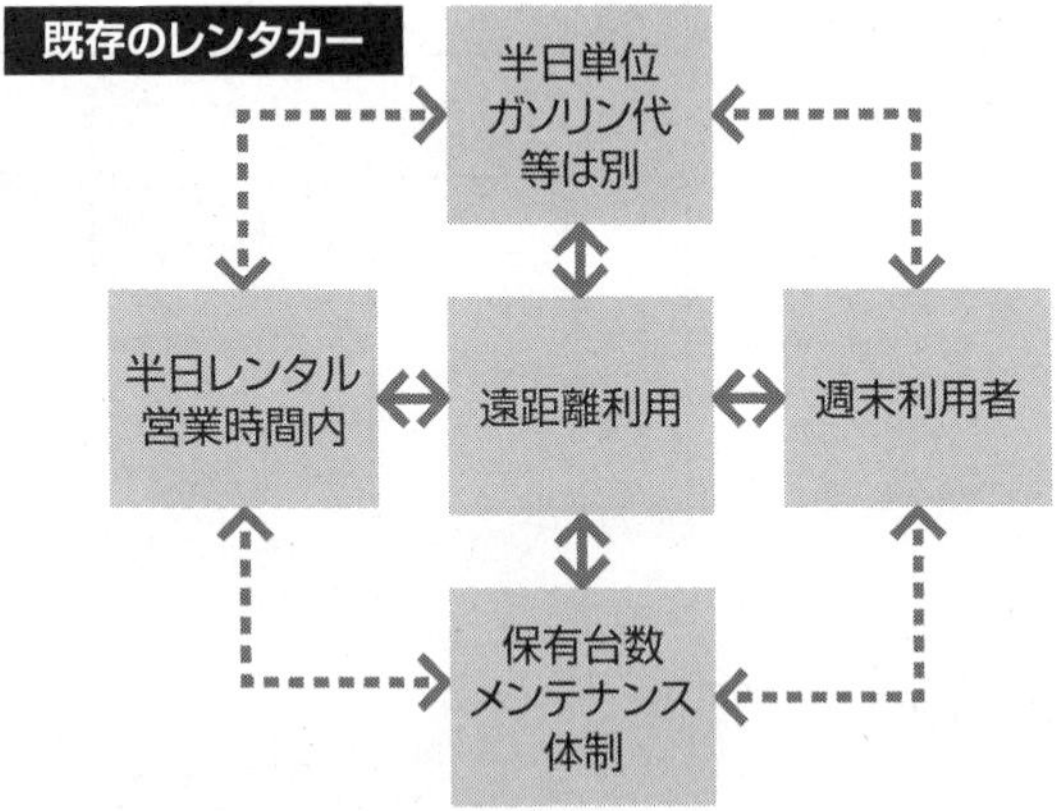

れた装置に差し込んで利用者認証を行うだけで、クルマを利用することができます。

顧客層　こうしたまったく新しい、さらには手軽な顧客体験を提供することで、カーシェアリングでは、ビジネスマンの出張や週末の遠出利用といった既存のレンタカー利用とは異なるユーザーを取り込む（生み出す）ことに成功しました。

儲けの仕組み　「会員費＋15分200円」と利用料金もわかりやすくシンプルです。収入の規模ではレンタカーに及びませんが、その構造はレンタカーと異なっています。

提供価値　カーシェアリングは、クルマを所有することを諦める代わりに、「時間貸しレンタル料」というコストだけでクルマを使えるという、新しい利用スタイルを生み出しました。この「自家用車のような感覚で手軽に近隣利用」という提供価値は、「新しい製品・サービス」と「新しい儲けの仕組み」だけではなく、タイムズ24が保有する経営資源（駐車場）と、新しい顧客層の存在（シェアする会員）と強く結びついています。

蓄積してきたノウハウを活かすトータルソリューション

次は、大和ハウス工業の「Dプロジェクト」です（図表4－5）。

図表4-5 物流バンドルサービス事業を構成する4要素

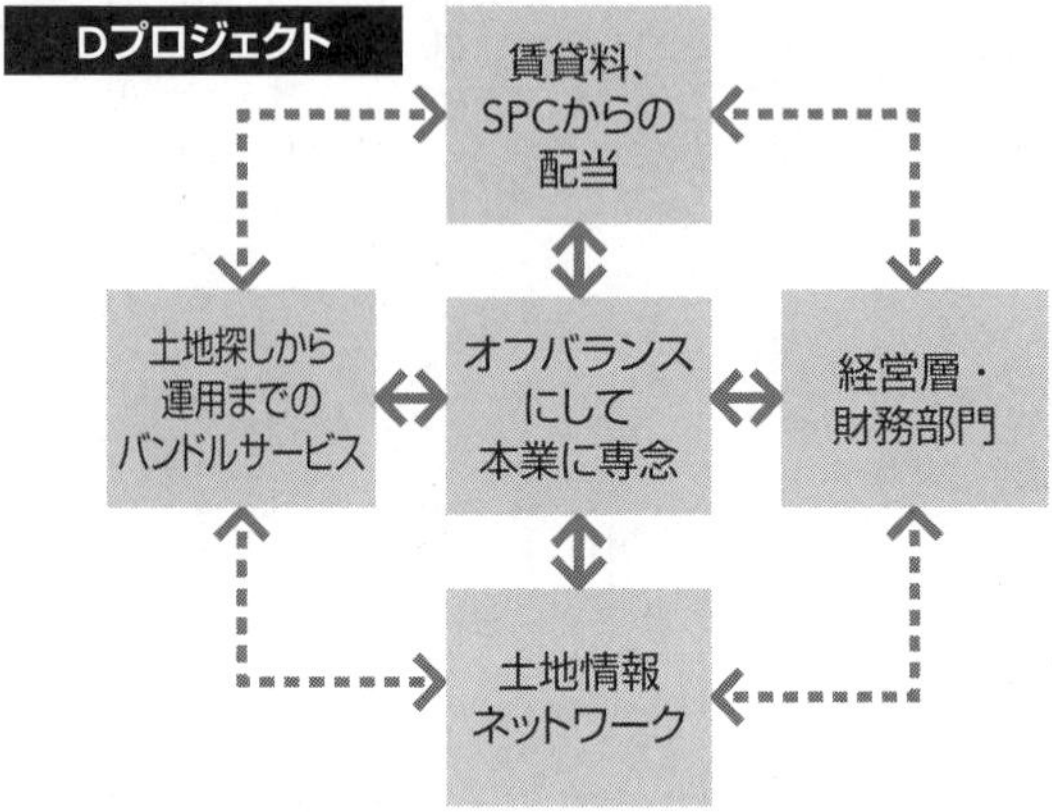

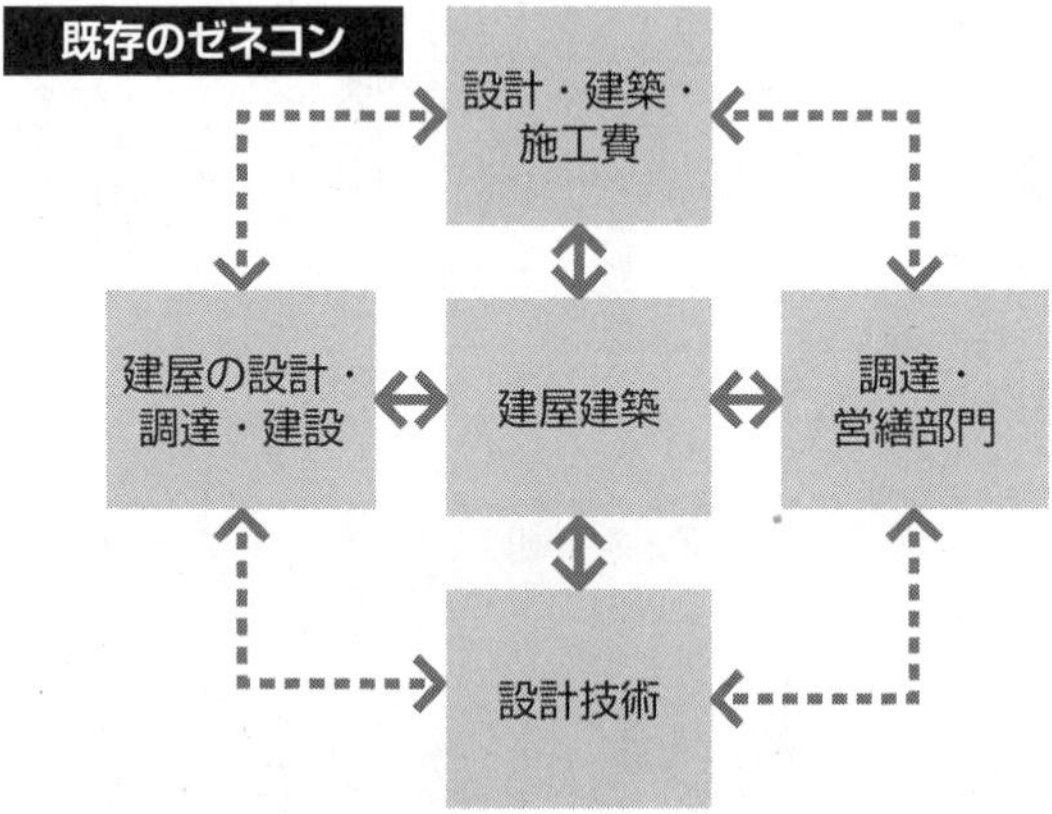

製品・サービス　自社で物流倉庫を持つとなると、用地の選定や取得、建物の設計や建築など膨大な費用が発生します。そうした費用負担に耐えられない中小企業のニーズ、もしくは過度な固定資産を持たずに物流業務を行いたい企業にとって、大和ハウス工業が提供するサービス——土地や施設を保有し、顧客が賃借する形態は、非常に使い勝手がよいといえます。

顧客層　この事業スキームで、投資余力があまりない事業者にも顧客企業の裾野が広がりました。さらに建築に関する専門的な知識や経験がない財務部門や経営層にも投資判断ができるようになりました。

儲けの仕組み　儲けの仕組みは、設計や建築、施工にかかる経費を請求するといった既存の方法と異なります。建物の賃貸料や倉庫の運営費、特別目的会社（ＳＰＣ）の配当など、景気の浮き沈みによって大きく変動することがない収益を長期にわたって計上することができます。２０１４年11月には、カジュアル衣料店「ユニクロ」を運営するファーストリテイリングと物流の新会社を設立することを発表しました（日本経済新聞、２０１４年11月５日）。物流施設を新設することで、ネット通販利用者に対して即日配送を可能にすることがねらいです。

経営資源　サービスのバンドル化にあたっては、建設業者だけでなく不動産業者や金融業者、倉庫運営者としての資源やノウハウが必要となりますが、これらはいずれも同社がこれまで身につけてきたものでした。それまで同社は、家を建てるだけでは競争に勝てないので土地探しもサポートしたり、アパートなどの不動産を持つ顧客から受注するために「一括借り上げ」といった提案を行ったりしてきました。また、SPCのノウハウも持っています。新たな顧客ニーズに対応するためのさまざまなノウハウの蓄積が根底にあるといえます。

提供価値　顧客が求めているのは、物流センターという「箱」ではなく、そうした箱から得られるサービスです。できるかぎり物流業務を軽減して本業に専念したいと考えています。大和ハウス工業は、土地情報から建設、運営までのトータルソリューションで、そうした顧客企業のニーズに応えています。

資源と活動が同期すると模倣されづらい

ビジネス創造には、シーズ起点かニーズ起点か、あるいはその両方の場合がありえます。つまり、それぞれの要素が連携し合いながら、まったく新しい価値を生み出し

ているこ とが重要です。タイムズ24のカーシェアリング事業では、「オンラインでネットワーク化された小型駐車場」という資源を活用して「15分単位で200円から」という課金ルールを実現しています。大和ハウス工業のDプロジェクトは、「賃貸住宅で培った能力」を資源として活用して「賃貸」という新しい物流倉庫事業での儲けの仕組みを実現しています。既存プレーヤーが持たない「競争資源」を「儲けの仕組み」に直結させることで、こうした活動の仕組みがつくられています。

しかし、問題はどちらかではなく、いかにして資源と活動が強く連携し合うかにあります。各要素が同期し、強く連携し合うことによって、他者が模倣しづらい持続的競争優位性を生み出すことができるのです（根来龍之『事業創造のロジック』を参照）。

もし、既存のレンタカー会社や総合建設会社が、タイムズ24や大和ハウス工業と同じようなビジネスをつくり出すには、これまでのやり方や仕組みをリセットしてゼロからつくり上げなければなりません。それは、長年積み上げてきた有形無形の経営資源を自ら壊すことになるため、抵抗を感じない企業はないはずです。しかし、これこそが、既存プレーヤーの反撃を遅らせる理由となります。先行するプレーヤーは、そのあいだにいち早く競争優位を確立することができるからです。後から同じようなビジネスを立ち上げようとして、先行プレーヤーを追いかけるのは非常に困難です。

パンドラの箱を開ける

とはいえ、新たな戦い方が今後、永続的に続くとはかぎりません。自ら持ち込んだ新しい競争ルールが、さらに新しいゲーム・チェンジャーの参入を招く危険性もあるからです。

たとえば、カーシェアリング市場で競争優位性のもととなる経営資源は、「生活に近い拠点数」でした。とすると、駐車場でなくても、すでに多くの拠点を持つ企業がカーシェアリング事業に本格参入したとき、どうなるでしょうか。

実は、コンビニエンスストアによる同事業への参入がすでに始まっています。ファミリーマートのカーシェアリングサービスは、タイムズ24やオリックス自動車との提携で提供されています。カーシェアリング利用者の「ついで買い」は、店舗売上に貢献するでしょう。現在はカーシェアリング事業者との提携ですが、コンビニエンスストアには自前のポイント会員システムがあります。今後は、利用登録を一元化したり、ポイントを使ってクルマを無料で貸し出したりする可能性もありそうです。

また、自動車メーカーや通信会社の参入も活発化しています。電気自動車の普及によって充電ステーションがコンビニエンスストアに設置されるようになれば、カーシェアリング事業に本腰を入れたコンビニエンスストアが将来的には競合になるかもしれません。

これは、物流バンドルサービスでも同じです。

たとえば、すでに巨大物流センターを多数抱える専門業者が、格安で自社の物流センターを貸し出す事業を始めたらどうなるでしょうか。

実は、すでにアマゾンは、同社に出店する顧客企業に向けた物流サービスを開始しています。商品保管や注文処理、出荷、配送、返品に関するカスタマーサポートを同社が代行するサービスです。このサービスを、自社のサイトに出店していない企業にまで広げることも可能性として大いにあります。

このように、競争ルールの変更には終わりがありません。もともとは異業種からの新規参入者であっても、自らが既存プレーヤーになった途端、次は自分がその危険にさらされます。新しいビジネスを創造した後には、先手を打って他者が模倣しにくい仕組みをアップデートする必要があるでしょう。

第５章

バリューチェーンを見直す

――プロセス改革型

プロセス改革型 Arranger	市場創造型 Creator
秩序破壊型 Breaker	ビジネス創造型 Developer

業界の常識を打ち破り、競争のルールを変える

プロセス改革で新たな価値をつくり出す

これまでの章では、既存の儲けの仕組みを無力化する「秩序破壊型」、顧客も知らないニーズを具体化する「市場創造型」、まったく新しいビジネスをつくり出す「ビジネス創造型」という3つの戦い方を見てきました。これらに共通するのは、新たな儲けの仕組みや、新しい製品やサービスを持ち込むことで競争のルールを変えているという点です。

しかし、競争のルールを変えるためには、必ずしも儲けの仕組みや製品やサービスを変える必要があるとはかぎりません。既存のビジネスプロセスに着目し、それを改善することで、競争優位を生み出している事例もあります。そうした事例では、製品やサービスを顧客に届けるまでの「プロセス」を変えることで新たな価値を生み出し、それまでの競争のルールを変えています。

では、プロセスを変えて新しい価値を生み出すとは、どのようなことなのでしょう

か。

このことを、近年、外食業界で革命を起こした「俺のイタリアン」「俺のフレンチ」の事例で見ていきます。

「俺のイタリアン」「俺のフレンチ」に代表される「俺のシリーズ」は、「俺の株式会社」が率いているレストランです。２０１１年9月に新橋駅近くに第1号店「俺のイタリアン」をオープンして以降、わずか３年弱で銀座・新橋を中心に合計27店舗を出店しています（新業態である「俺のBakery&Cafe」や海外を含めると、２０１８年8月時点で38店舗）。

レストランであることは変わらないため、儲けの仕組みも、製品やサービスも変わりません。しかし、これまでのフランス料理店やイタリア料理店のイメージとは大きく異なっています。いくつか特徴を挙げてみましょう。

「俺のシリーズ」が生み出した価値

フランス料理を食べる際には、ゆったりとした空間にテーブルが並べられ、着席してゆっくりと時間をかけて食事をする。そんなイメージを抱くのが普通ではないでしょうか。ところが、「俺のフレンチ」の店内は大半が「立ち飲み」スタイル、つまり立席です。テーブルも小さく、テーブルとテーブルのあいだも狭い。ちょっと動くと他の客に触れてしまうほどの距離です。

シェフたちが写った大きな写真が並ぶ、店の入り口も印象的です。開店時間の16時（平日）にはすでにたくさんの人が並んでおり、その列が途絶えることはありません。通常の高級レストランと違って予約席はわずかしかなく、基本的には、当日来店して列に並んで食べるしかないからです。

メニューは、「豪華」の一言です。トリュフやフォアグラ、オマールエビなどの高級食材が惜しげもなく使われています。たとえば、「瓶ごとキャビア」という料理では、その名のとおり、キャビアが瓶ごと皿に載せられてきます。にもかかわらず、価格の多くはイタリアンで1品1000円以下、フレンチでも1000円前後です。老舗の有名レストランであれば、その3～5倍はするでしょう。ワインも手ごろな値段で、999円を支払えば持ち込みも可能です。

いまやイタリアンやフレンチだけでなく、焼き鳥や割烹、中華など、さまざまな業態で出店している「俺のシリーズ」は、わずか20坪もない店で月商1900万円を達成していますなぜ、これほどの人気があるのでしょうか。その理由として、次の3つを挙げることができます。

1　一流のシェフたちによる、
2　一流（高級）の食材を使った料理を提供する一方、
3　価格を低く抑えている。

1と2を満たしているレストランであれば、ミシュランで星を獲得しているお店などたくさんあるでしょう。しかし、「俺のシリーズ」では、1と2に加えて3という、これまでのレストランにない新たな価値を客に提供しているのです。

回転数を上げて高原価をまかなう

一流のシェフによる高級料理と低価格――相反するはずのこの2つを「俺のシリーズ」は同時に提供しています。どうすれば、このようなことが可能となるのでしょうか。

そのカギは、客の回転数にあります。通常、食材原価率は30％が限界といわれているのに対し、「俺のシリーズ」の食材原価率はおおむね60％です。この高原価をまかなうには、客数、すなわち客の回転数を上げて、売上を増やすしかありません。通常のフランス料理店の客の回転数が1日平均1回程度であるのに対し、「俺のシリーズ」では1日平均3・5回です。

そして、この高回転を支えているのが、冒頭で挙げた「立ち飲み」スタイルです。立ち飲みスタイルを取ることで、収容人数を通常のレストランの3～4倍に増やし、客の滞在時間を短くすることができます。着席スタイルだと、たとえば4人掛けのテーブルに2～3名の客しかいないことも多くムダが発生しますが、立ち飲みスタイルではそもそも席がないため、そうしたムダが発生しません。

さらには、「予約不可」とすることで、空き時間をつくらず、どんどん客を店に入れることができます。平日の営業開始を16時からと、他店より早い時間に設定しているのも、より多くの客に入店してもらうための工夫だといえるでしょう。

さらに、立ち飲みスタイルであればそれほど大きな店舗を必要としないため、家賃を低く抑えられる、高級レストランのようなサービスを求められなければ人件費を抑えられる、大量の高級食材を一括して仕入れることで仕入れコストが抑えられるといったメリットもあります。

図表5－1に、既存の高級レストランと「俺のシリーズ」の違いをまとめました。客に「提供するもの」は同じでも、「提供する方法」が異なっていることがわかります。

ドミナント出店が築く好循環

この他にも、「俺のシリーズ」では、たとえばミシュランガイドに載るような有名店で働いていたなど、さまざまな経験を積んだシェフたちが、それぞれの得意な料理を提供しています。そのため、店によってメニューも異なりますが、「次はあそこの店にも行ってみよう」といった客の循環が起きています。

俺の株式会社の坂本孝社長は、同地域で多数の店舗を展開し、シェフ同士が切磋琢磨することが非常に有益だと話しています。お店ごとに違うメニューを提供するので、単なる客の取り合いではなく、料理の質で競争するという健全な競争が成り立つのです。また、徒歩10分圏内のひとつのエリア、しかも銀座という一等地に多店舗を構えることで（ドミナント戦略）、大きな広告効果を得ています。同じ地域にたくさん出

図表5-1 既存の高級レストランとの比較

	既存の高級レストラン	俺のシリーズ	
立地	銀座、恵比寿、青山、六本木など	銀座、恵比寿、青山など	提供するものは同じ
食材	高級	高級	
シェフ	一流	一流	
座席	着席	立席	提供する「方法」が異なる
予約	原則必要	原則不可	
営業時間	18〜21時頃LO	16〜22時45分LO、ランチなし	
サービス	フルサービス	居酒屋レベル	

店することで、よい物件が紹介されるようにもなるそうです。

プロセス改革で業界の常識を打ち破る

これまでの話を整理してみましょう。

前提として、「顧客に提供するものは何も変えていない」ということに留意する必要があります。「おいしい料理を提供する」といった、レストランとして最も大切な価値や機能は何も変えていません。むしろ、高級食材を大量に使い、一流のシェフが調理するといったかたちで、その価値を高めています。

そして、これを実現するために、製品やサービスの提供方法（プロセス）を大きく変えています。俺のシリーズでは、客数を増やすことに着目し、回転数を上げるために立ち飲みスタイルなどの仕組みを考えました。

言い換えれば、「高級レストランで、客の回転数を高める」という非常識な仕組みです。このように、業界では当たり前と考えられていた常識を打ち破ることで、新たな価値を生み出すことに成功したのです。

このことをまとめると、以下のとおりになります。

1　顧客に提供すべきもの（価値や機能）は変えない（むしろ強化することもある）

2　1を実現するために、商品やサービスの提供方法（プロセス）を変える

それは、業界の常識を打ち破ることでもある

3　提供方法（プロセス）を変えることで、新たな価値を生み出す

これが、プロセス改革型の戦い方です。俺のシリーズは、料理という一番重要な部分では競争相手に負けないものを持ちつつ、業界の常識を打ち破るコスト優位を実現し、圧倒的な競争優位を築くことに成功しました。

しかし、その後は、基本コンセプトこそ変わらないものの、有名シェフの退社などが影響して店舗の拡大ペースは落ちてきています。着席をメインとしながらも回転数を落とさないために予約システムを整備したり、シェフやソムリエを短期間で養成する仕組みをつくったり、ベーカリーなどの新業態へ進出したりするなど、さまざまな手法で成長を模索しています。

いかにしてプロセスを変えるか――4つの戦い方

「事業連鎖」ではなく「価値連鎖」を再評価する

では、プロセスを変えるとは、どういうことでしょうか。

それは、「バリューチェーン（価値連鎖）」を構成する個々のプロセスを再評価することです。バリューチェーンとは、ひとつの企業の活動を、付加価値を生み出すプロセスごとに分解したものです。たとえば、レストランであれば、まず、メニューの「開発」を行います。実際の生産にあたっては、食材を「調達（仕入れ）」し、「製造（調理）」を行います。それから、生産したものを「販売（提供）」します。

図表5－2は、前節で取り上げた「俺のシリーズ」と「既存の高級レストラン」のそれぞれのバリューチェーンを比較したものです。それぞれのプロセスで、どのような工夫が行われているかを整理することができます。

前章まで見てきた3つの戦い方――秩序破壊型、市場創造型、ビジネス創造型では、バリューチェーンを業界全体にまで広げた「事業連鎖（ビジネス・チェーン）」

図表5-2 プロセスごとにどのような工夫がなされているか

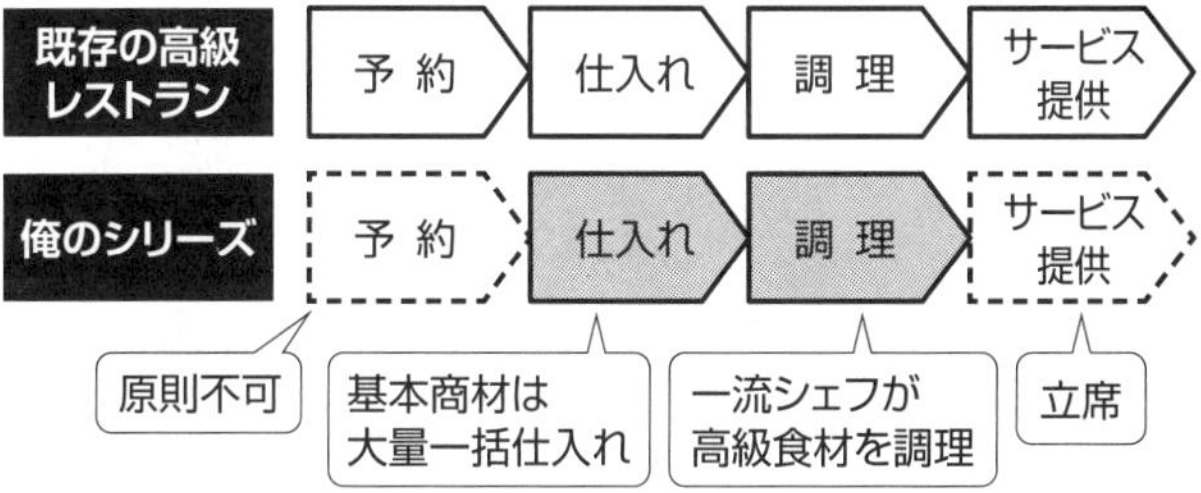

を組み替えることで、新しい戦い方を構築し、競争のルールを変える方法でした。しかし、儲けの仕組みや製品・サービスを変えないプロセス改革型では、バリューチェーンを構成する個々のプロセスに着目、再評価することで、新しい戦い方をつくり上げています。

では、どのようにしてバリューチェーンを再評価していけばよいのでしょうか。プロセス改革で成功を収めている事例には、いくつかのパターンが存在します。ここでは、そのなかでも特徴的な次の4つのアプローチを紹介します。

1　やめる
2　強める
3　混ぜる
4　単純化する

以下、さまざまなプロセス改革型の事例を取り上げながら、それぞれの戦い方を見ていくことにします。

やめる――引き算発想で低価格を実現する

「やめる」というアプローチは、業界慣例的なサービスやプロセスを見直し、その一部を思い切ってやめることで、新たな価値を生み出します。余剰を省き、本当に必要な部分だけに特化する「引き算」発想で、バリューチェーンを再構成しているのが特徴です。

安全と清潔、快眠を売りに全国でビジネスホテルを展開している「スーパーホテル」が、これにあたります。業界平均60%台といわれている客室稼働率が90%、顧客のリピート率が70%と、スーパーホテルは２０１４年度の顧客満足度調査でビジネスホテル部門1位（サービス産業生産性協議会調べ）を取っています。

その特徴は、快眠にかかわるグッズや朝食付き、天然温泉付きといったサービスを提供しつつも、宿泊料金を低価格（1泊４９８０円から）に抑えていることです。では、どのようにして低価格を実現しているのでしょうか。

その根底にあるのが「引き算」の発想です。スーパーホテルでは、チェックインがセルフサービスになっています。ホテル到着後、ロビーに並んだ自動チェックイン機でチェックインを済ませると部屋番号と暗証番号が発行され、その暗証番号を客室の扉のテンキーに打ち込むと解錠する、という流れになっています。ルームキーがないため、フロントが宿泊者と鍵の受け渡しをする必要がありません。チェックインをセルフサービスにすることで、チェックインにかかわる一連のサービスに従業員が介在しなくてもよい仕組みとなっているのです。

また、通常、宿泊料金はチェックアウト時に精算しますが、スーパーホテルではチェックイン時に全額前払いする仕組みになっています。客はすでに支払いを済ませているので、出発時にフロントに立ち寄る必要もありません。

チェックアウトをなくす「引き算」発想

客室にも違いがあります。まず、室内に電話機がありません。これにより、料金精算の手間や、電話機や課金装置などといった設備も不要です。また、客室には冷蔵庫がありますが、そのなかは空っぽです。したがって、追加料金も精算手続きも発生しません。

これらに共通するのは、チェックイン後に追加料金が発生する要素がきれいに取り除かれているという点です。宿泊料金を全額前払いにし、滞在中に追加費用が発生しないようにすることで、チェックアウトという業務そのものを不要にしているのです。チェックアウト業務をなくすことで、低コストでのオペレーションが実現します。ホテルのフロント業務のなかで最も人手がかかるのは朝のチェックアウト時といわれており、通常のホテルではフロント業務のボトルネックになっていたのです（図表5―3）。

このように、不要なプロセスを廃し、必要なプロセスのみに特化することで成功している事例は他にもあります。

たとえば、1000円カットの先駆者であるQBハウスもそうです。それまで理髪店では、洗髪、マッサージ、カット、髭剃りといった一連のサービスをワンセットで提供するのが一般的でした。しかし、すべての顧客がフルサービスを求めているわけではありません。QBハウスは、カットだけに特化し、他を「やめる」ことで低価格を実現しています。

引き算発想でのゲームチェンジは、既存プレーヤーにとってきわめてやっかいです。ひとつのプロセスに特化することは、これまで構築してきた経営資源を否定するばかりか、他の既存顧客のニーズと相反することになりかねないからです。また、あるプ

図表5-3 チェックアウト業務をなくす

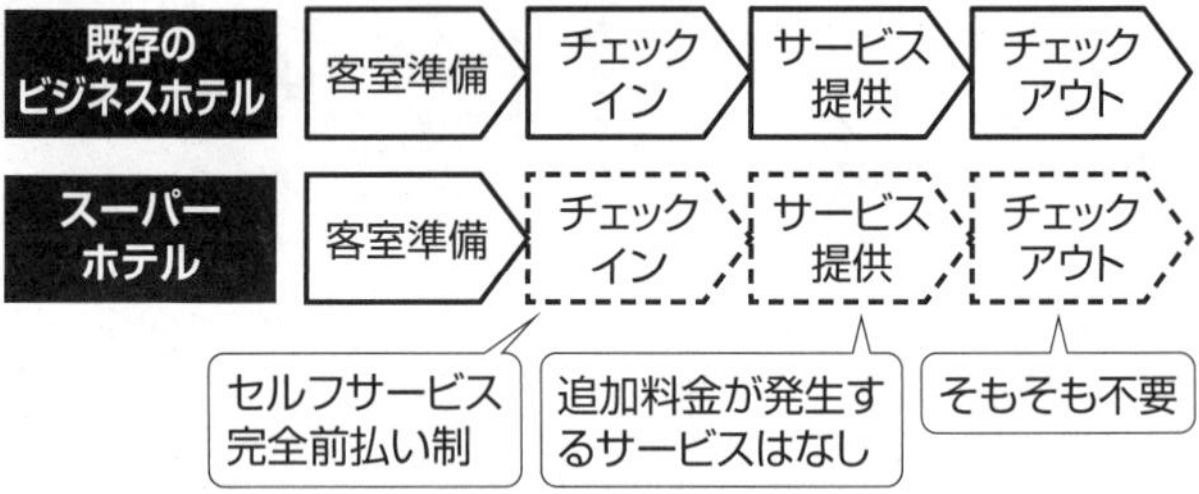

ロセスに特化した組織能力の構築は、容易に真似できるものではありません。

強める――プロセスの一部を強化して差異化する

「強める」というアプローチは、「やめる」とは反対にプロセスの一部を強化することで、新たな顧客価値をつくり出します。

子ども専門の写真館として全国に店舗展開しているスタジオアリスが、これにあたります。スタジオアリスは、街中の一般的な写真館とは異なり、「子ども専門」という際立ったサービスを提供しています（図表5－4）。

スタジオアリスには、ドレスや着物をはじめ、キャラクターや芸能人デザインの服など約500着の衣装が用意され、無料で貸し出されています。これらの衣装を何着でも着て撮影することができます。人気キャラクターになりきって撮影できる設備や小物も用意されており、従来の写真館であれば客が自前で用意していた着付けやメイク、ヘアセットも無料です。

また、子どもにポーズを取らせたり、笑顔にさせたりするのは、通常なら親の仕事です。しかしスタジオアリスでは、訓練を受けた社員がアシストします。社員はプロ

図表5-4 子ども専門のサービスを強化する

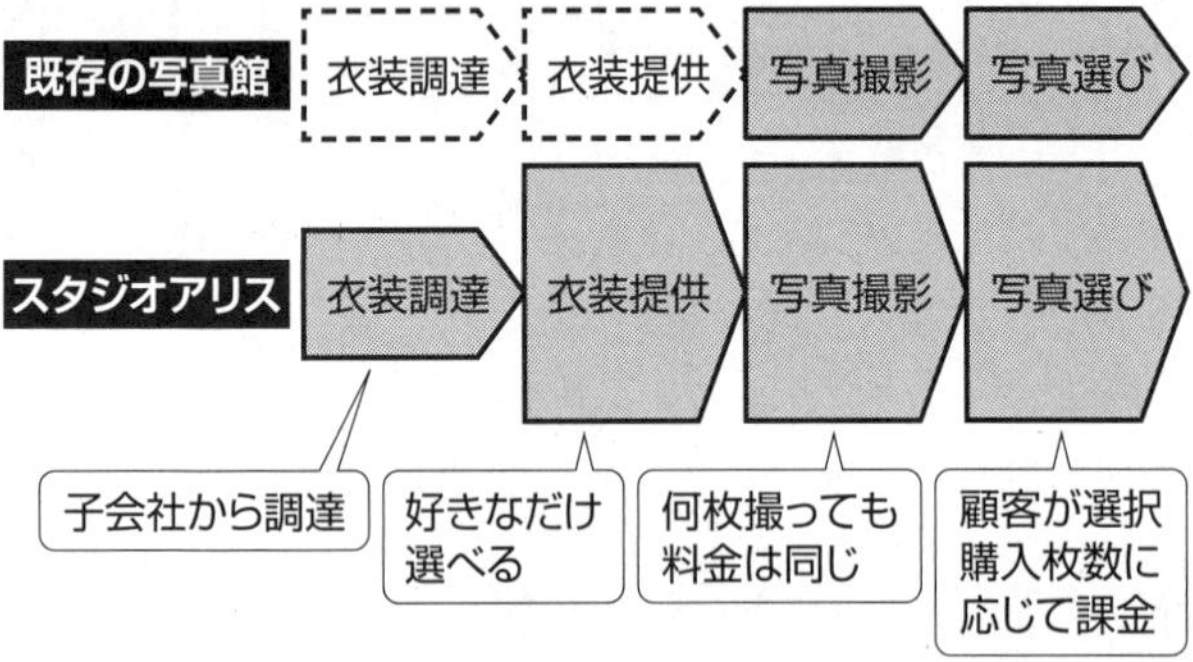

のカメラマンではありませんが、大量に撮影した写真のなかから選んだものだけをプリントするため、撮影枚数に制限がありません。

基本料金は、衣装を何着借りても、撮影が何パターンでも３０００円です。プリントも六つ切りサイズで４９００円と割安で明瞭な価格体系です（２０１４年12月現在）。

「子ども専門」ならではの際立ったサービス展開には、そのための仕掛けが必要です。同社では、豊富な衣装を揃えるために、衣装のデザイン開発から生産、供給までを一括して行う子会社を持っています。また、もともとは素人である社員が撮影や着付け、メイクをしたり、子どもたちに機嫌よくポーズを取らせたりすることができるようになるための研修設備も持っています。

こうした業界常識とは異なるプロセスを強化したプレーヤーに対抗するのは、既存プレーヤーにとって困難です。多くの場合、既存顧客のニーズとミスマッチを起こすだけでなく、既存の経営資源では対応できません。また、プロセス強化には仕掛けが必要なため、キャッチアップも容易ではありません。

混ぜる——異なる商材を組み合わせて競争の軸をずらす

「混ぜる」アプローチは、異業種や異業態の製品やサービスを混在させることで売り場などの魅力を高め、顧客の購買意欲を刺激します。既存の製品やサービスの組み合わせですが、提供方法を工夫することによって新たな価値を生み出すことができます。

「遊べる本屋」をコンセプトに全国展開しているヴィレッジヴァンガードが、これにあたります。ヴィレッジヴァンガードは書店ですが、街中で見かける一般の書店のイメージとは大きく異なります。通常の書店では新刊やベストセラーが店頭に並んでいるのに対し、ヴィレッジヴァンガードでは、書籍以外のＣＤや雑貨などがところ狭しと並べられています。一見、雑貨店のようですが、異なる利益率の商材を組み合わせて販売することで高い粗利を実現しています。

もちろん、一般の書店でも書籍以外の商材を扱う複合店は珍しくありません。しかし、ヴィレッジヴァンガードでは、クルマやオートバイ、アウトドア、音楽などといった特定のジャンルの既刊書や雑誌を中心に、関連する雑貨やＣＤが並ぶなど、書籍とそれ以外の商材がきわめて高いレベルで融合されています。

たとえば、海外旅行というテーマの売り場に並んでいるのは、旅行雑誌や関連書籍だけではありません。海外のお菓子や、海外の風景を観ながら聴くようなCD、さらには、海外旅行に必要な資金を貯めるための貯金箱まで一緒に置かれています。海外旅行というキーワードを起点にした「連想ゲーム」のような発想で売り場がつくられているのです。

また、お客さんが思わず立ち止まってしまうような手書きのPOPにも力を入れており、売り場は衝動買いを誘う魅力にあふれています。既存書店では店舗の立地や規模が差異化要因であるのに対し、ヴィレッジヴァンガードはワクワク感やドキドキ感といった既存書店とは異なる価値で戦っています。常に顧客の期待値を超える存在であり続けられるかどうかが同社の生命線です（図表5－5）。

競合と異なる軸を打ち立てる

この他、北陸地方を中心に店舗展開をしているドラッグストア「クスリのアオキ」も、異なる商材の組み合わせで顧客を呼び込むことに成功しています。同店は、医薬品に加えて生鮮食品を扱うことで急速に売上を伸ばしています。食品を低価格で提供することで顧客を引きつけ、利益率の高い医薬品などを同時に購入してもらうことで

図表5-5 異なる商材を組み合わせる

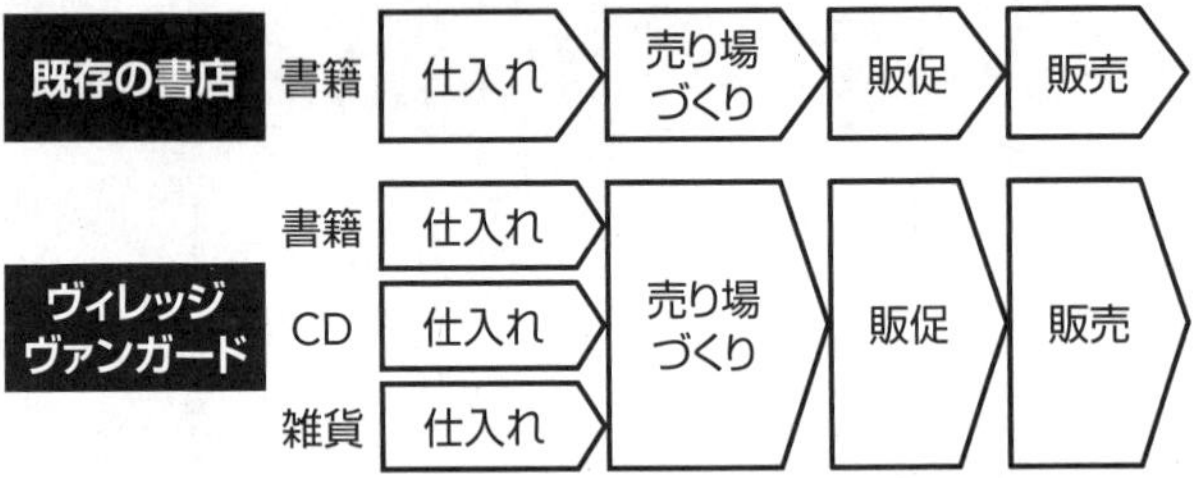

収益を確保しています。

ヴィレッジヴァンガードやクスリのアオキに共通するのは、業界常識に反した商材を売り場に持ち込み、競合と異なる競争軸を打ち立てている点です。ヴィレッジヴァンガードは、店舗の立地や規模ではなく、売り場の楽しさやおもしろさで勝負しています。クスリのアオキは、ドラッグストアでありながら非医薬品で客数と来店頻度を高めることを目指しています。

異なる商材を扱うには、それに適した仕入れや売り場づくりが必要ですが、それは一朝一夕にできるものではありません。既存プレーヤーにとっては、競争の軸をずらされているため、真正面から反撃しづらい相手といえます。

単純化する――プロセスを標準化して事業規模を拡大する

「単純化する」アプローチは、専門的で小規模な仕事を標準化したうえで、事業規模を拡大させる戦い方です。プロセスを標準化することで、新たな価値を生み出します。

働く女性が安心して頼めるメイドサービスのベアーズが、これにあたります。同社は、家事代行にとどまらず、ハウスクリーニングやベビーシッター、キッズシッター、高齢者サポート、ビジネスユーザー向けサポートも提供しています。提供するサービスを、質を高めるとともに標準化し、価格体系を明瞭化することで、既存の家事代行サービスでは実現できなかった価値を提供しています。

同社ではサービスの質を管理するために、詳細な基準が設定されています（図表5－6）。掃除の技術やスピードはもちろん、訪問時の会話、エプロンを着けるタイミングなど、細かな接客作法まで標準化しています。特に重視しているのは、顧客とのコミュニケーションです。いくらサービスの質が高くても、顧客との会話がぎこちなければ顧客満足度を高められないからです。訪問時から終了時まで、どのような態度でいることが大切かを綿密に設計しています。内部監査室の社員が事前告知なく同行するかたちでチェックを行い、基準に満たない場合、そのスタッフは研修を受けることになります。

既存の家事代行サービスの多くは個人契約で、サービスの質は担当者の技量に依存しています。そのため、実際にサービスを受けてみないとわからないというリスクが常に顧客側にありました。しかし、ベアーズでは、パッケージプラン化したサービスの内容と価格をわかりやすく示しています。

図表5-6 プロセスを標準化する

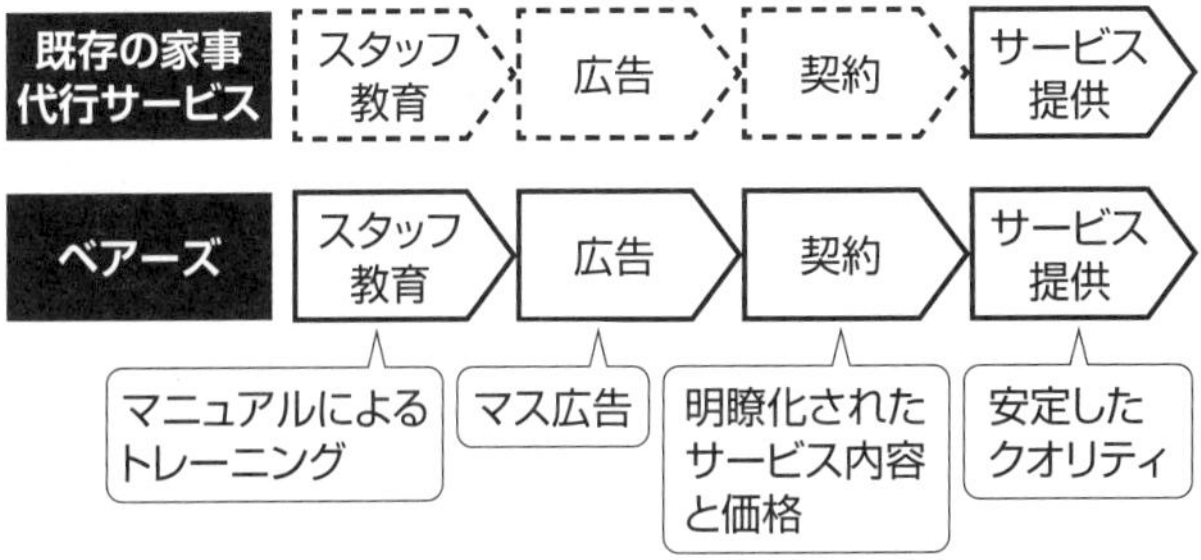

また、顧客の要望に応えられるように、20〜70代の幅広い年齢層の専任スタッフを揃えています。既存の家事代行サービスでは、利用者自身が自分のニーズに合う人を探さなければなりませんでした。

幅広いスキルを持った人材を確保するには長期的な教育や雇用関係が必要ですが、ベアーズは社員満足度を重視し、社員が抱える不満や課題への対応を徹底しています。高い社員満足度を保つことで、ホスピタリティ向上はもちろん、スタッフの退職リスク低減をはかっています。

分散型事業を規模型事業へ

同様の事例としては、たとえば、古書販売を手がけるブックオフがあります。いまでこそメルカリなど、オンライン上でフリーマーケットのように物品を売買できるアプリがあったり、スマホなどの電子デバイスでマンガを読んだりするため、苦戦を強いられていますが、当初は特徴のあるビジネスモデルで旋風を巻き起こしました。

既存の古書店は、店主が古書の買い取りや価格設定をしており、店主がどのくらい目利きであるかが経営を大きく左右していました。しかし、ブックオフでは、本の種類などによって若干の違いはありますが、基本的には古書の外見がきれいかどうかで判断し、状態のよい本のみを原則定価の10％で買い取るようにしています。販売価格は、古書にクリーニングをかけたうえで定価の半額とし、買い取りから一定期間が過ぎたり、在庫が増えたりした場合は100円で販売しています。

このようにブックオフでは、業務が簡素化・標準化され、マニュアルによって運営することで店舗をチェーン店化しています。

もともと小規模、かつ個人技で競争してきた既存プレーヤーが、標準化されたサービスを売りにして規模拡大をはかるプレーヤーに反撃するのは困難です。サービスを標準化して規模拡大をはからないことには、そのサービスが与える安心感や信頼感を不特定多数の顧客に感じてもらうことができないからです。

どこにフォーカスするか

プロセスを変えるために何をすべきか

図表5－7は、これまでに取り上げてきた事例を、「やめる」「強める」「混ぜる」「単純化する」といった4つのアプローチごとに整理したものです。

では、このようなアプローチのもとでバリューチェーンを再評価し、新しい戦い方を手に入れるためには、どのような視点に立てばよいのでしょうか。そのためのポイントをまとめます。

1　顧客視点で発想する
2　合わせ技を使う
3　サービスの担い手を変える
4　ビジネスの型を整える

図表5-7 プロセス改革を成功に導く4つのアプローチ

アプローチ	特 徴	事 例
やめる	業界標準のプロセスをやめる	スーパーホテル、QBハウス、ライフネット生命、カーブス、セブンカフェ、LCC
強める	既存プロセスの一部を強化する	スタジオアリス、青山フラワーマーケット
混ぜる	異なる商材を組み合わせる	ヴィレッジヴァンガード、クスリのアオキ、ドンキホーテ
単純化する	業務を標準化する	ベアーズ、ブックオフ、ガリバー、公文

顧客視点で発想する

顧客視点で発想するとは、顧客目線で既存のプロセスを見直すということです。前述したとおり、プロセス改革は、革新的な製品やサービス、新しい儲けの仕組みをつくり出すことではありません。むしろ、既存のプロセスを見直すことで新たな価値を生み出します。そのためにも、「いまあるプロセスは顧客ニーズを満たしているか」「供給者の論理や都合が優先されていないか」といった視点が大切です。なかには、かつては有効だったプロセスが、外部環境の変化によって機能不全を起こしている場合もあります。

また、レストランやホテル、書店、家事代行など、決して新しい種類のビジネスでなくても、プロセス改革で成功を収めている事例が多々あります。これらに共通しているのは、いかにして既存のプロセスを顧客ニーズに合わせて再構築したかです。

たとえば、スーパーホテルでは、低コストオペレーションを実現するためにムダを徹底的に排除する一方、顧客の「快眠」のための仕掛けも多数用意しています。大きなベッドや選べる枕、徹底した防音構造、さらには「ぐっすり研究所」を立ち上げて快眠のための研究も行っています。

その根底にあるのは「顧客視点」です。ビジネスマンがホテルに滞在する時間のなかで、最も多くの時間を過ごすのはベッドの上です。寝ている時間が圧倒的に長いという点に着目し、睡眠に関する満足度をとことん高めようとしているのです。

このように、既存のプロセスを顧客視点で見直すことが、プロセス改革のポイントです。当たり前とされてきた既存のプロセスに非効率な点やムダがあれば、そこがビジネスチャンスになりえます。「あったらいいな」という顧客視点の発想が原点です。

合わせ技を使う

前節で、プロセス改革として「やめる」「強める」「混ぜる」「単純化する」の4つのアプローチを紹介しましたが、これらをそれぞれ個別に行うのではなく、複数の「合わせ技」を用いるのも有効です。4つのアプローチのうちのいくつかを必要に応じて組み合わせながら、ビジネスを構築していくのです。

たとえば、「俺のシリーズ」では、一流の料理を出す（強める）一方、フルサービスではなく立食スタイルを取っています（やめる）。これは、「強める」と「やめる」の2つのアプローチを組み合わせています。

スーパーホテルも同様です。フロント業務をなくしてセルフサービスにする（やめる）一方、利用者が心地よく眠れるようにするためのサービスを強化しています（強める）。ヴィレッジヴァンガードでは、新刊書やベストセラーに依存せず（やめる）、書籍以外の商材の充実化をはかっています（強める）。

サービスの担い手を変える

プロセス改革を起こすには、サービスの担い手を変えることも重要です。これは、たとえば専門性を必要とするプロセスにあえて素人を配置する、あるいは超一流の人材を配置することで、バリューチェーン全体を再構築するといった考え方です。

たとえば、既存の写真館ではプロのカメラマンを配置するのが一般的ですが、スタジオアリスでは一般社員にカメラマンの役割を担わせています。反対に、俺のシリーズは、一流のシェフを配置することで成功を収めています。

このように、サービスの担い手を変えることで、バリューチェーン全体を見直すのです。担い手を変えることで既存のビジネスのボトルネックを解消できれば、新たな価値を生み出すことができます。

ビジネスの型を整える

プロセス改革を起こすには、ビジネスの「型」を整えることも重要です。これは、新たに構築したプロセスがバリューチェーン全体で有機的に機能するように全体を整えるという視点です。

たとえば、ヴィレッジヴァンガードの最大の特徴は売り場の編集力ですが、これはひとえに現場を支えるスタッフの能力にかかっています。そのため、ヴィレッジヴァンガードでは、売り場の編集力を維持・向上させるためのノウハウの伝達や人材育成に多くの時間を割いています。

また、魅力ある売り場を実現するために、仕入れを含めた権限を現場（各店舗）に委譲し、現場発意で機動的に動ける環境を整えています。書籍と関連グッズの融合を軸にした魅力ある売り場は、店舗への権限委譲や人材育成とセットで機能しているのです。

スタジオアリスが、衣装のデザイン開発から生産、供給までを一括して行う子会社や、社員研修のための設備を有しているのも同じ理由です。

このように、ひとつのプロセスを単独でとらえるのではなく、バリューチェーン全体を支える仕組みと合わせてビジネスの型を整えることも、プロセス改革に欠かせないポイントです。

第６章

既存プレーヤーはどう対抗するか

なぜうまく防御できないのか

顧客ニーズの変化をとらえられない

ゲーム・チェンジャーが現れたとき、なぜ既存企業の多くは有効な手立てを講じられずにズルズルと後退してしまうのでしょうか。もちろん、それにはさまざまな理由が考えられますが、ここでは2つの理由を挙げておきましょう。

1　顧客ニーズの変化をとらえられなかった
2　自社の儲けの仕組みを脅かす存在にうまく対応できなかった

前者の代表例としては、第3章で取り上げた予備校の事例が挙げられます。既存のビジネススタイルを取っている予備校のひとつ、代々木ゼミナール（以下、代ゼミ）は、もともと浪人生を主な対象に大規模な教室を全国に展開していました。ところが少子化や社会情勢の変化から、浪人生が激減し、多くの学生が現役で大学受験をする

ように なると、学校生活を送りながら大学受験のために予備校にも通いたいという、現役生のニーズにうまくマッチしなくなります。結果として生徒数が激減し、2014年には、15年以降に27校舎中19校を閉鎖するリストラを発表しました。

一方、東大をはじめとする国立大学や私立難関校の受験生を主なターゲットにしている駿台予備校や河合塾は、少なくなったとはいえ、既存需要を確保することで成り立っています。浪人生全体をすくい取ろうとしたマス型の代ゼミが最初に競争から脱落したといえます。

この他にも、近年、売上を大きく落としたスーパーマーケット（正式にはGMS）が挙げられます。たとえば、イトーヨーカドー、イオン（旧ジャスコ）、西友、ダイエーなどです。GMS凋落の最大の理由は衣料品の販売不振ですが、これは、ユニクロやしまむら、あるいはビームス、ユナイテッドアローズのような専門店の台頭にうまく対応できなかったということが理由として挙げられます。

顧客のニーズがより安くて使いやすいものと、個性に溢れた自分だけの商品といったかたちに二極化したのに対し、店舗政策や品揃え、価格帯の設定などが中途半端になってしまったということもできます。

自社を脅かす存在にうまく対応できない

後者の代表例としては、スマホゲームの台頭を許した任天堂が挙げられます。任天堂も、これからはスマホゲームの時代が来るということはわかっていたし、仮にスマホゲームを製作しようと思えば、資金や能力、時間も十分にありました。にもかかわらず対応策が取れなかったのは、無料で提供して課金や広告で稼ぐというスマホゲームのビジネスモデルへの対抗手段が見出せなかったからです。

この他にも、NTTドコモがiPhoneの導入に後れを取った例が挙げられます。ドコモもソフトバンクと同様、早い時期からiPhoneの導入を検討していたといわれています。しかし、その導入が遅れたのは、iPhoneのビジネスモデルがドコモのビジネスモデルと相容れないものだったからです。

というのも、ドコモは「iモード」という独自のアプリケーション販売モデル（プラットフォーム）を持っており、アプリケーションの売上はいったんすべてドコモを通るという仕組みになっていました。これが、すべて「App Store」を通すというアップルの仕組みと相容れなかったのです。アップルの仕組みを受け入れてしまうと、自分たちが単に回線を使わせるだけの存在になってしまうからです。

どちらの場合も、顧客ニーズの変化や新しい製品やサービスの台頭、あるいはそれらを支える新しい儲けの仕組みへの対応に失敗したといえます。では、既存プレーヤーはいったいどうしたらよいのでしょうか。

新興勢力に対抗する手段は何か

既存企業が既存のビジネスを守る場合も、新しい戦い方の4類型として紹介してきた方法が通用すると考えられます（図表6－1）。

ただし、自分たちの事業領域に入ってきた新興プレーヤーと同じやり方ではうまくいきません。なぜなら、相手は、自分たちのビジネスモデルを知ったうえで、それを壊す、あるいは逆襲できないようなやり方をしてくるからです。したがって、相手の戦い方と同じボックスに入る――たとえば、秩序破壊型に対抗するために秩序破壊型の戦い方を目指すことは得策でないと考えたほうがよいでしょう。

たとえば、グーグルが「グーグルドキュメント」という無料オフィスソフトを提供してきたとき、マイクロソフトがオフィスソフトを無料にしてネット上で提供するのは、どう考えても得策ではありません。なぜなら、自分たちの最大の収益源であるオ

図表6-1 既存企業の防衛戦略

	既存の製品やサービス	新しい製品やサービス
既存の儲けの仕組み	**プロセス改革型** **顧客視点で足下を見直す** ・野村證券のネット取引 ・コマツのコムトラックス	**市場創造型** **新しい製品やサービスを増やす あるいは、市場をずらす** ・ヤマト運輸のクール宅急便 ・ベルリッツのビジネス教育
新しい儲けの仕組み	**秩序破壊型** **既存の儲けの仕組みを否定し、事業の定義を変える** ・ブリヂストンのリトレッドタイヤ事業	**ビジネス創造型** **有効な防衛戦略にならないことが多い** ・CCCのTポイントカード ・ネスレのドルチェグスト事業

フィスソフトの売上がなくなってしまうからです。

したがって、実際には、自社の既存ビジネスを尊重しながら独自の対抗策を考える必要があります。以下では、その際の参考になる考え方を紹介します。

プロセス改革型で対抗する

強みを活かしてバリューチェーンを見直す――野村證券

プロセス改革型での対抗策は、自社の強みを失わずに新しいバリューチェーンを再構築するという戦い方です。たとえば、顧客サービスを強化するためにコールセンターだけでなくウェブ上でも問い合わせを受けるようにする、あるいは、いまあるサービスをよりきめ細かなものにするといった方法です。

たとえば、ネット証券に戦いを仕掛けられた業界大手、野村證券は、新興のネット証券にどう対抗しているのでしょうか。ネット証券と同じように手数料を安くしても、そもそも多くの店舗や人員を抱えているため、コスト面で不利な状態にあります。

そこでは、デイトレーダーのような安い手数料を求める人はネット証券に任せ、自社の優良顧客が離れないように工夫することが重要です。優良顧客が求めるものは、必ずしも手数料の安さだけではないからです。

そのため、野村證券では、ネット証券のようなサービスを追求せず、基本は支店や営業担当者が対応するが、それではできない追加的なサービスをネットで行う——たとえば、土日や夜間でも株価を見たり、取引したりできるようにしています。もちろん、株式売買手数料をネット証券並みに下げる必要もありません。

相手が真似できない仕掛けをつくる——コマツのコムトラックス

低価格攻勢をかけてくる新興国の競争相手と戦うコマツの対抗策も同様です。

コマツが開発した「コムトラックス（KOMTRAX）」は、建設機械の情報を遠隔で確認するためのシステムです。コマツでは2001年より自社で販売する建機にコムトラックスの標準装備を始めました。いまでは国内で約6万2000台（2011年4月現在）、世界約70カ国30万台の車両にコムトラックスが装備されており、コマツは、コムトラックスから送られてくる車両の稼働状況や機械部品の使用状態などといった情報を無償で顧客に提供しています。

建機を販売し、販売代金で儲けるというコマツの儲けの仕組みは、これまでとは何も変わりません。しかし、低価格で攻勢をかけてくる新興国の競争相手に対して、彼らが真似できない付加価値で勝負しています。

顧客の建機の使用状況を遠隔監視することで、建機の使い方や消耗部品の状態を予測し、故障する前に整備や部品交換を勧めたりしています。結果として、故障が減り、稼働率が上がるため、多少価格が高くてもコマツの建機を使ったほうがコストパフォーマンスがよいということになります。

プロセス改革で顧客ニーズに応える――TTNコーポレーション

すでにパラダイムシフトが起き、衰退したと思われる業界でも、しぶとく生き延びている企業があります。ひとつは、兵庫県伊丹市にあるTTNコーポレーションという畳店です。

もともとは「畳福」という普通の畳店で、畳の需要がなくなるにつれ、事業存続が危ぶまれていました。ちなみに畳市場はここ15年で市場が半減しているそうです。しかし、同店は、「夜中に畳替えをしてくれるなら注文したい」という顧客のニーズに耳を傾け、生き残りに成功しています。

それは飲食店からの依頼でした。具体的には「営業時間に畳替えをすると1日分の売上がなくなってしまうので、閉店後の夜中であれば畳替えを頼みたい」というリクエストです。

しかし、従来型の家内工業では、短時間に数十枚の畳を替えることはできません。そこで、TTNコーポレーションでは、2002年以降、分業による大量生産を実現するため設備投資を行い、24時間いつでも納入できる仕組みを確立しました。

結果、飲食店や居酒屋などからの大口の注文を受け、斜陽産業にあっても高成長を遂げることができたのです。2013年には62億円の売上をあげ、業界最大手になっています。

TTNコーポレーションの場合は、自社の生産体制、すなわち製造プロセスを見直し、短納期で大量生産できるようにしたこと、深夜でも畳替えができるように販売・施工プロセスを変更したことが成功の理由です。まさにプロセス改革型の対抗例です。

既存事業に踏みとどまってプロセスを見直す――カメラのキタムラ

もうひとつは、カメラのキタムラです。もともとカメラ販売とＤＰＥを主力事業にしていたキタムラにとって、デジタルカメラの普及は死活問題でした。フィルムカメラが使われなくなれば、現像や焼き付けといったビジネスがなくなってしまうからです。

そこでキタムラが考えたのは、デジカメ用のＤＰＥサービスを取り入れることでした。簡単な操作で写真をプリントできる装置を店頭に大量に導入し、デジカメでもＤＰＥショップが便利ですよという仕組みをつくるのに成功しました。

もちろん、自宅のプリンターで印刷する人もいれば、印刷せずにパソコンやスマホに保存したままの人もいます。しかし、簡単な店頭プリントを好む、あるいは大量にプリントしたいといった人たちによって、このサービスは成功しています。

いずれの事例も、新しい領域に出て行くのではなく、既存の事業に踏みとどまりながらも、顧客ニーズと自社のプロセス（バリューチェーン）をもういちど見直すことで、新しい仕組みをつくり上げています。

しかし、その後、２度目のゲームチェンジが起こります。デジタルカメラからスマホカメラへのシフトです。デジタルカメラが使われていた時代は、高品質で安価なDPEサービスを提供するというキタムラの戦略はうまくあてはまっていましたが、スマホカメラの時代になるとそうはいかなくなりました。そもそも写真をプリントする必要がなくなったからです。画像データのまま、スマホに入れて持ち歩き、友だちに見せたり送ったりすることができます。店頭DPEサービスは縮小せざるをえなくなりました。

市場創造型で対抗する

既存のビジネスモデルを進化させる――JR東日本の駅ナカビジネス

市場創造型の対抗策は、既存のビジネスモデルを活かしながらも環境変化に対応して新しい製品やサービスを提供する方法です。あるいは、新たな競争者と同じ土俵で戦わないように、市場そのものをずらしてしまう方法でもあります。

たとえば、東日本旅客鉄道は、流通事業を大きく成長させ、それを企業全体の成長につなげています。

同社はそれまで駅構内の売店（キオスク）や駅ビル事業（ルミネ）などといったかたちで小売事業を行っていましたが、人口減少を前提にしたとき、これまでと同じような付帯サービスとしての小売業や、駅前立地を利用したテナント依存事業では限界がありました。そうしたなか、駅のなかにスペースがあり、そこを利用者が毎日通るといった強みを事業に活かすことで生まれたのが、駅ナカ事業です。「エキュート（ecute）」と呼ばれる駅構内のショッピングモールで、品川駅や大宮駅、立川駅などが代表例です。

それまで通り過ぎるだけだった駅の構内に長時間滞在してもらい、そのあいだにお金を落としていってもらうという考え方です。従来のような画一的な店舗や自社グループ内の店舗ではなく、若い女性に人気がある有名ブランドを誘致したり、デパート並みのエクステリアやインテリアを設置したりすることで、消費者のハートをつかむことに成功しました。

さらには、これまでのキオスクをコンビニエンスストアとして生まれ変わらせたり、利用者の生活環境を向上させるために託児所事業を展開したりしています。

製品やサービスを販売するという儲けの仕組みは従来と同じですが、利用者を駅に呼び込むという意味で新しい市場をつくり出したといえます。このように市場創造型には、その企業にとっては新市場でも、世の中においては新しい市場ではない場合もあります。

既存のサービスを進化させる――ヤマト運輸のクール宅急便

日本通運や佐川急便、日本郵便など多数のプレーヤーが参入し、価格競争に陥りつつあった宅配便市場でヤマト運輸が取った方法も、市場創造型です。

それは、「クール宅急便」の開発です。従来の宅急便と儲けの仕組みは同じですが、温度を管理して、傷みやすい食品や温度によって鮮度が落ちる野菜なども送れるようにした新しいサービスです。

これは、単に冷蔵車で配達するということではありません。集荷から貯蔵、配送といったすべてのプロセスで温度を管理しなくてはならないため、設備投資が多額で、他社にとっては参入障壁となりました。

現在では他社も追随していますが、ヤマトは同じようなやり方で次々と新サービスを打ち出し、業界リーダーの地位を安定的に保っています。

これは、新しい製品やサービスを提供することで、新しい市場をつくり出している事例です。

一方、これまでとは異なる顧客層の開拓で、新たな市場をつくり出しているケースもあります。

新しい顧客層を開拓する――ユニ・チャームの大人用紙オムツ

出生率の減少とともに乳幼児の数が減り、紙オムツは衰退市場だと思われていました。そんななか、女性用生理用品（ナプキン）とベビー用紙オムツの国内トップメーカー、ユニ・チャームは、大人用の紙オムツ市場に舵を切りました。

それまでも大人用紙オムツを生産販売している会社はありましたが、いずれも小規模でした。しかし、ユニ・チャームは、本格的な商品開発、販路の拡大、マーケティングを行うことで、大人用紙オムツ市場を新たに開拓し、その結果として大きな売上をあげるようになったのです。

これだけ聞くと、ベビー用を大きくすればいいので簡単だと思われるかもしれません。しかし、ベビー用紙オムツと大人用紙オムツは、実際にはまったく違うビジネスです。

たとえば、大人用紙オムツでは、それまでとは違ったチャネル——病院や介護施設、通信販売などといったチャネルを新たに開拓しなければなりませんでした。また、販売促進でも、ベビー用紙オムツのようなテレビ広告ではなく、地道な活動が必要でした。

紙オムツを開発・販売して稼ぐというビジネスモデルはそのままですが、ユニ・チャームは、まったく新しい顧客層を開拓することで、大人用紙オムツ市場という新市場をつくり出すことに成功したのです。

土俵をずらす——ベルリッツのビジネス教育

語学教育大手のベルリッツは、インターネットを利用した月額制低価格語学教室から価格訴求型の攻撃を受けています。そこで同社は、単なる語学教育では低価格プレーヤーに対抗するのが難しいと考え、まったく新しい事業を展開しようとしています。それは、語学そのものというより、英語を題材にグローバルビジネスマンを育成しようというビジネス教育です。

これは、戦いの土俵を、語学からビジネス教育に移すことで、低価格プレーヤーからの攻撃をかわす戦略です。場合によってはビジネススクールなどと戦おうという戦略にも見えます。

まだ、その成否を述べることはできませんが、うまく土俵をずらしたケースです。

先ほどのユニ・チャームは、主要顧客層が縮小してしまうため、新たな顧客層を開拓しました。ベルリッツでは、既存顧客が新たなプレーヤーに奪われてしまうため、新顧客を見つけて新しい価値を提供していこうという事例です。

このように、市場創造型の対抗策は、逃げの戦略です。本業の防衛が難しいとき、既存事業に新たな製品やサービスを付加していく方法です。このとき、既存の経営資源にどれだけ価値を見出せるかがカギとなります。

また、本業のノウハウを活かしながら、これまでとは異なる市場に出て行く方法もあります。しかし、こちらは、既存の顧客層と異なり既存の経営資源が使えないため、そのぶんリスクが高いといえます。

秩序破壊型で対抗する

ブリヂストンのリトレッドタイヤ事業

秩序破壊型の対抗策は、自社のビジネスモデルを否定して新しい儲けの仕組みを構築することになります。この方法は、既存プレーヤーにとって自社の儲けの仕組みを否定する可能性が高いため、劇薬となります。

実は、ブリヂストンでは、使用期限が近づいたタイヤの表面のゴムだけをはがし、そこへ溝付きのゴムを新たに貼り付けることで、あたかも新品のタイヤのようにつくり直した再生タイヤを販売するビジネス――リトレッドタイヤ事業をしています。これは、新品タイヤメーカーであるブリヂストンにとって、新品タイヤの売上減につながるビジネスです。

では、ブリヂストンは、なぜこの事業を始めたのでしょうか。

それは、これが新興プレーヤーに対する対抗戦略だからです。というのも、ブリヂストンがこの事業を始める前から、世の中にはリトレッドタイヤ事業を行う企業はありました。したがって、自社で手がけなくても確実に新品タイヤの売上が減ることは想像できたのです。さらには、そうした業者が中途半端なリトレッドタイヤを提供することでタイヤの摩耗が早まったり、バースト（パンク）が起きたりして、オリジナルのタイヤメーカーであるブリヂストンのタイヤそのものの品質が問われてしまうこともあるといいます。

であれば、ブリヂストンが自社のしっかりした技術や材料、スタッフでリトレッドタイヤを事業としたほうが顧客のコストパフォーマンスもよくなり、自社の販売シェアを維持できると考えたのでしょう。

顧客にとっても、ブリヂストンのリトレッドタイヤ事業を利用することで、タイヤの交換時期や使用方法の課題などを指摘してもらい、余計なトラブルを避けたり、トータルコストを下げたりすることができるというメリットがあります。

ブラウザを無料にしたマイクロソフト

マイクロソフトは、かつて秩序破壊型で成功したことがあります。インターネットが普及する初期にブラウザの標準の座をめぐって、ネットスケープコミュニケーションズと覇権を争ったときのことです。そのとき、シェアで圧倒的に優勢だった新興ソフトメーカー、ネットスケープの地位を奪うためにマイクロソフトが取った作戦は、ブラウザを無料にしたうえでOS（基本ソフト）に組み込んでしまうというものでした。いまのように、ソフトやサービスを無料で提供してその他の仕組みで稼ぐといった考え方がない時代では画期的な戦略でした。

しかし、現在は、ネット上で多くのアプリケーションソフトが無料で使えます。そうしたなか、オフィスソフトの戦略は迷走しています。

これまでマイクロソフトオフィスは売り切りのソフトで、いちど購入してしまえば追加の使用料は発生しない仕組みでしたが、ネットの普及に伴い、アプリケーションソフトを自分のパソコンにインストールしないでサーバー上に置き、必要なときだけ使うといったタイプの仕組みが出てきたからです。しかも料金は無料。たとえば、グーグルドキュメントなどがその代表例です。

また、OpenOfficeやKINGSOFTなど、従来型のオフィスソフト同様、自分のパソコンにインストールしますが、料金が格安あるいは無料のものも登場してきています。

現在のマイクロソフトは、この2つの流れのあいだで漂流しているといっていいかもしれません。そのため、ネット上では毎月の使用料を取る「Office365」を企業向けに販売していますが、個人向けに対してはスタンスがはっきりしません。「ワード」や「エクセル」の機能を絞って無料提供したり、フル機能版をライセンス方式で販売したりしています。

その後、パソコンとスマホをシームレスにして「同じIDを持つ人であれば、どちらでもOffice365を使えるようにする」という明確な戦略は出てきましたが、OSをベースにしてオフィスソフトの覇権を握るといった従来のモデルのように稼げるのかどうかはわかりません。

ベンツが始めたカーシェアリング事業

日本ではタイムズ24やオリックスなどが積極的に事業展開しているカーシェアリングですが、海外ではすでに市民権を獲得している地域があります。

たとえば、アメリカのZipcar（ジップカー）やヨーロッパのCar2Go（カーツーゴー）などです。ちなみにZipcarは、現時点において世界で最も成功しているカーシェアリング企業です。２０００年にアメリカで誕生して以来、14年には世界中で１００万人近い会員と1万台を超える車両を保有しています。

仕組みとしては、会員になった後、月数十ドルの会費を払えば、自分の使いたい場所に置いてあるクルマを1時間あたり6～10ドルで借りることができます。これにはガソリン代や保険料も含まれており、会員はレンタカーやタクシー代わりに簡単に使うことができます。Zipcar は、13年、レンタカー大手のＡＶＩＳ（エイビス）に約５００億円で買収されました。

一方、Car2Go はドイツを中心に事業展開しており、すでに1万２０００台が稼働しています。車両のほとんどは2人乗り小型車の「スマート」です。ＥＶも導入されており、１０００台を超えているようです。

こちらも Zipcar と同じような仕組みですが、ベンツを生産している自動車メーカーのダイムラーが09年に１００％出資でつくった会社であるという点がユニークです。カーシェアリングが普及すればクルマ購入者が確実に減るのに、自動車メーカー自らがカーシェアリング会社を設立し、積極的に推進しているのです。

ダイムラーからすれば、どうせ他のカーシェアリング会社に市場を奪われるくらいなら、自分で市場をつくってやれと考えたのではないかと思われます。地球環境への悪影響が指摘されているなか、EVを中心にしたより効率的なクルマ利用を推進するといったPR効果をねらってのことなのかもしれません。「スマート」という小型車を利用することで、自社が持つ高級車とはカニバリゼーションを起こさないようにしているといった配慮も感じられます。

いずれにしても、自動車メーカーが自らクルマを販売して稼ぐのではなくカーシェアリング事業で稼ごうとしている点で、秩序破壊型といえます。

富士フイルムのデジカメ事業

先に秩序破壊型の対抗策は劇薬にもなると述べたように、うまくいかなかった事例もあります。それは、富士フイルムのデジタルカメラ事業です。

当時、富士フイルムは、カメラ用フィルムメーカーで国内トップ、世界市場でもコダックと首位を争う大手企業でした。1990年代にデジタルカメラが登場したとき、通常ならフィルム事業を守るためにデジタルカメラの普及を遅らせるか、あるいは手を出さないという方法もありましたが、同社はあえて自らデジタルカメラの製造販売を始めました。

当時はまだ、カメラメーカートップのキヤノンですら、本格的にデジタルカメラに進出していませんでした。富士フイルムの取り組みは、「自社の主力事業であるフィルムの需要が減ってもいい。新しい分野でリーダーになる」という強い意気込みを感じさせるものでした。

また、フィルム事業では、フィルムの販売よりも、その後の現像関連のほうが収益が大きいといわれていました。具体的には現像液や印画紙の販売です。プリンターやゲーム専用機の、本体よりもアフターマーケットで儲けるという仕組みに類似しています。

それに対して、デジタルカメラ事業は、カメラ単体で収益をあげるという純粋なハードウエア製造販売事業です。富士フイルムも参入当初は市場シェアで1位を取るなど健闘していましたが、やがてキヤノンやソニー、カシオ、パナソニックなどのエレクトロニクスメーカーの前にその地位を落としていくことになります。結果として、自社のビジネスモデルを否定してまで進出したデジタルカメラ事業は、残念ながら成功には至りませんでした。

とはいえ、フィルム事業依存体質からの脱出という点では成功しており、全社的な変革を遂げています。

このように、秩序破壊型の対抗策は、自社のビジネスモデルの否定や崩壊につながるので軽々しく実施すべきではありません。しかし、事業環境の変化が急激で自社の儲けの仕組みの崩壊が明らかであれば、すなわち、どうせ他社にやられてしまうのであれば、自らの事業の定義を変えて新しいチャレンジに取り組むことで生き残りをはかるということも、時には必要になるでしょう。

この戦略を採用するかどうかは、「自社の現在の事業がどれくらい脅威にさらされているか」すなわち「数年内に売上が激減したり、事業そのものが消滅したりしてしまう可能性がどれくらいあるか」によります。これと、「新しい儲けの仕組みを採用した際に、どのくらいの利益が得られるか」ということの2つを天秤にかけることになります。

ビジネス創造型で対抗する

ビジネス創造型では本業を守れない

理論上は、ビジネス創造型、すなわち、新しい市場を新しいビジネスモデルでつくり上げる対抗策もありえます。しかし、それを既存事業の防衛戦略として活用するのは、実際には難しいといえます。

もちろん、既存事業が成熟化したり、成長に限界がある、あるいは新たな競争相手に追い詰められたりしている状況で新しい事業を始めるというのはよくあるケースです。しかし、たとえ新規事業がうまくいったとしても、それは既存事業とは何の関係もなく、既存事業の防衛にならないことがほとんどです。

たとえば、DHCの化粧品事業を考えてみましょう。通信販売の化粧品会社として成功しているDHCですが、もともとは「大学翻訳センター」と呼ばれていたことからもわかるように、翻訳業を本業とする企業でした。しかし、その後、化粧品事業のほうが大きくなり、いまでは化粧品メーカーとして知られ、社名（大学翻訳センターの頭文字の略がDHC）にわずかに名残を残すのみとなっています。これは経営学でいう「非関連事業多角化」です。経営資源の活用が望めないという意味では、「落下傘型の新規事業」とも呼ばれています。

また、DeNAのゲームビジネスについても同じことがいえます。同社のスタートアップは、オークションサイトの「ビッダーズ（現Wowma!）」です。パソコンからモバイルへの移行を機に同サイトは成功しましたが、現在はヤフーショッピングやアマゾンの後塵を拝しています。その後、「モバゲー」など携帯ゲームの世界で大成功をおさめますが、これが既存のオークション事業の防衛に役立ったかといえば、残念ながらそうはなっていません。

以上のように、ビジネス創造型でたとえ新しい事業の確立に成功しても、それが本業の立て直しにはつながらないことがほとんどです。そもそも、製品やサービスが自社にとって新しい領域であり、儲けの仕組みも従来と異なるので、自社の経営資源が活用できるほうが不思議ですし、成功要因も異なります。

したがって、既存事業を守りつつ、既存事業の強化あるいは防衛につながるような新事業を立ち上げていくのは難しいといえます。なぜなら、どこにも自分たちの強みがないため、まったくゼロから新しい事業を立ち上げるのと同じ苦労がいるからです。

一方、ビジネス創造型で対抗する場合は別途、既存事業も守らなくてはいけません。戦でいえば、守っている城から半数の兵を外に出して野戦をする一方、残った兵で城も守るという中途半端な戦いです。この場合、城を守るには、野戦で成果をあげることが必要です。

ビジネス創造が既存事業の防衛にもつながった数少ない成功事例を2つ紹介しましょう。

CCCのTポイントカード事業

カルチュア・コンビニエンス・クラブ（CCC）の主力事業は、「TSUTAYA」という店舗を通じたCD・DVDレンタル事業です。しかし、音楽や映像はインターネットで手軽に入手して観たり聴いたりすることができる時代になりました。その結果、このままでは従来型のレンタル事業は立ち行かなくなる可能性があります。

そこで、CCCでは、ネットで申し込んでDVDを郵便で送付するサービスや、ネットで動画を提供するサービスなど、さまざまなかたちのレンタル事業を展開しています。また、従来から展開している書店とCD・DVDレンタルの複合店をさらに進化させて、くつろげる書店なども試行しています。

しかし、CCCで一番ユニークな事業は、TSUTAYAで培った会員情報分析を活用したTポイントカード事業です。TSUTAYAでは、従来より会員の購買履歴を細かく管理することで、利用頻度に応じて来店を促す割引券を送付したり、地域別に異なるプロモーションを展開したりしていました。さらに、購買履歴に基づけばその人がどのようなジャンルに興味があるのかなども把握できます。こうしたノウハウは他業態でも活用できるのではないかと考え、Tポイントカード事業に乗り出したのです。

基本的には、参加企業が顧客囲い込みのために行っていた、あるいは行おうとしていたポイントサービスをTポイントが代行し、ポイントを共通化するという仕組みです。参加企業にとっては、自社で顧客管理システムを持たなくても、ポイントシステムで競合他社と差異化できるというメリットがあります。また、ユーザーにとっては、1社ごとよりも共通ポイントのほうが早くたまるし、ポイント利用の幅が広がるというメリットがあります。

このことから、共通ポイントの仕組みは急速に普及し、Tポイント以外にも、ポンタや楽天スーパーポイントなどの仕組みができています。

これだけであれば、単なる顧客囲い込みの手段にすぎません。Tポイントでは、顧客解析で培ったCCCのノウハウを活用して会員の購買行動分析を行い、その結果を会員各社にマーケティング情報として販売しています。会員数4800万人を誇り、20代ではその7割がTポイント会員ということから、かなり正確な属性に基づく消費傾向が把握できるといわれています。

Tポイントカード事業は、TSUTAYAのCD・DVDレンタル事業から見れば、サービス内容も儲けの仕組みもまったく異なるのですが、顧客情報を活用して本業のマーケティングに活かすという点では密接につながっています。まったくの新規事業が本業にもプラスになるという、数少ない事例です。

ネスレのドルチェグスト事業

もうひとつの事例は、インスタントコーヒーで国内トップシェアを誇るネスレです。長年、日本のインスタントコーヒー市場をリードしてきたのはネスレの「ネスカフェ」

ですが、消費者がレギュラーコーヒーを飲むようになり、ドトールやスターバックスに代表されるコーヒーショップが普及してくるなか、家庭用インスタントコーヒーは押され気味でした。

そうしたなか、ネスレでも、従来のインスタントコーヒーではなくレギュラーコーヒーを発売して市場を守り、場合によっては拡大することにしたのです。

ここでもし、インスタントコーヒーと同じように、コーヒー豆を袋に入れてスーパーなどで販売していたら、多少は売れたかもしれませんが、すでにある競争相手と同じ戦い方です。ネスレにとっては市場創造となりますが、勝ち目の少ない事業になっていたでしょう。

そこで、ネスレは、ビジネスモデルを大きく転換しました。豆を売るのではなく、まずレギュラーコーヒー専用のコーヒーマシン（ドルチェグスト）を売り、それに使うコーヒー豆をカプセルで売ることにしたのです。

このやり方には、いくつかの利点があります。専用マシンであるために、他社のコーヒーカプセルは使用できません。自社で豆の需要を独占することができ、価格も自由に設定できます。

また、コーヒーマシンは一種の「撒き餌」なので、そこで稼ぐ必要はなく、安い価格で消費者に提供できます。これは、本体ではなくインクカートリッジで稼ぐプリンター事業と同じです。

消費者から見れば、これまでのインスタントコーヒーでは家族皆が同じ種類の豆のコーヒーを飲むのが普通だったのに、カプセル方式であれば一人ひとりが好みの豆、好みの飲み方で楽しむことができます。

これは、ネスレ1社でマシンと豆の両方を提供しているからできる仕組みです。こうして、ネスレのドルチェグスト事業は、他社とは差異化されたビジネスモデルを生み出すとともに、家庭における新しいコーヒーの飲み方を提案し、市場を拡大することに成功しました。

これは、まさにビジネス創造型に該当する戦い方です。

しかも、インスタントもレギュラーもその原料はコーヒー豆であることから、「世界一コーヒー豆を購入して使用しているメーカー」という立場をさらに強固にすることにもつながっており、既存事業の防衛に一役買っています。

これら2社の事例は、いずれも本業で培った事業ノウハウ——CCCであれば会員情報の活用方法を、ネスレであればコーヒー豆に関する焙煎や飲用方法、さらには器具の特徴に関するノウハウを新しいビジネスでも活かしています。こうしたノウハウを横展開しながらも、従来とは異なる市場に乗り出し、しかも新しい儲けの仕組みを採用して成功しているといった、稀な事例です。

まずは相手の戦い方を見極める

ここまで、新しい戦い方の4類型に沿って既存事業の対抗策（守り方）を見てきました。まずは、自社の事業領域への侵入者がどの戦い方で攻め込んできたか——プロセス改革型か秩序破壊型か、あるいは市場創造型かビジネス創造型かを考察したうえで、自分たちがどの戦い方を選ぶのが最も効果的かを考える必要があります。

これらをまとめると以下のとおりです。なお、相手がどんな戦い方でも、それに対してビジネス創造型で臨むことは、前述したとおり、既存事業の直接の防衛策にはなりにくいといえます。

相手が、自社とは異なるプロセス（プロセス改革型）で攻めてきた場合

相手のやり方をそのまま真似することもできますが、多くの場合、自社の事業プロセスの弱点を突いてくるため、そのままでは不利になる確率が高いといえます。最も手堅い対抗手段は、自らの強みを活かしながら、周辺領域で新しい市場（製品や顧客）を探す「市場創造型」だといえるでしょう。

こちらから「秩序破壊型」で仕掛けていくのは、自らの得意技を手放すことになりかねません。やめたほうがよいでしょう。

相手が、新市場をつくって（市場創造型）攻めてきた場合

手っ取り早いのは、こちらも「市場創造型」で攻めることです。同じ分野で対抗できる経営資源を持っている場合が多いからです。

しかし、相手のつくった新市場が自社の需要を奪っていく可能性がある場合には、自社の事業プロセスを見直す必要があります。その場合は、コストダウンや業務改革を行い、「プロセス改革型」で被害を最小限にとどめるやり方も効果的です。

また、このタイプからの攻撃の場合も、「秩序破壊型」で臨むことは、自分の事業を犠牲にする可能性がありますので、あまり勧められません。

相手が、新しい稼ぎ方（秩序破壊型）で攻めてきた場合

大変やっかいで、できれば戦いたくない競争相手です。しかし、自社の事業を徐々に、あるいは急激に奪い取っていく可能性が高いため、なんらかの防衛戦略が必要です。

最もまずい打ち手は、「プロセス改革型」で乗り切ろうとすることです。相手は、こちらの儲けの仕組みを無力化しようとしています。現在の自社のビジネスモデルのままでは戦えないと考えたほうがよいでしょう。

最も安全なのは、土俵をずらし、別の市場で戦う「市場創造型」です。しかし、どうしても守らなければならない市場であれば、敵と同じ戦い方――秩序破壊型で臨む方法もありえます。ブリヂストンの取ったリトレッド事業への進出などがこれにあたります。

相手が、まったく新しい事業（ビジネス創造型）で攻めてきた場合

この場合も、秩序破壊型で攻められた場合と同じ対策になります。これまでと同じ儲けの仕組みで戦っていても不利だからです。

相手と同じ土俵に乗ること（秩序破壊型）もありえますが、リスクは高いといえます。最も可能性があるのは、同じ土俵から逃げ、新しい市場に乗り出すこと（市場創造型）でしょう。しかし、新市場にも以前からその事業を営む競争相手がいるので後発となります。できるだけ、これまでの事業経験で培ったノウハウが活かせる分野に進出することが望ましいといえます。

これらをまとめたのが、図表6－2です。

リスクを取って勝ち目のある戦いを目指す

攻める側には失うものがないという強みがあるので、攻め込まれる側の「守り方」は難しいものになります。前節では、攻める側の戦い方に対してどのような防衛戦略

図表6-2 防衛戦略ごとの打ち手

		防衛側の戦略			
		プロセス改革型	市場創造型	秩序破壊型	ビジネス創造型
攻撃側の戦略	プロセス改革型	そのまま真似するのはやめるべき	効果的	やめるべき	—
	市場創造型	効果的	効果的	やめるべき	—
	秩序破壊型	やめるべき	効果的	ありうるが高リスク	—
	ビジネス創造型	やめるべき	効果的	ありうるが高リスク	—

を打てるかを見てきましたが、そもそも、攻め込まれる側の対応には大きく次の4つがあります。

1　無視する
2　正面から戦う
3　搦《から》め手で戦う
4　逃げる

無視する

攻めてきた相手を無視したり、放置したりしてしまうことは簡単です。しかし、これは、きわめてリスクが高い対応です。

本書の冒頭に挙げた任天堂の事例が、これにあてはまります。競争のルールが変化してしまったフィールドでは、これまでと同じような戦い方で同じような収益をあげることが困難となるからです。

また、ヨーロッパの自動車メーカーがハイブリッド車の開発に出遅れたのも、同じ理由だといえるでしょう。

ヨーロッパでは、電気自動車や燃料電池車こそが究極のエコカーであり、ガソリンを使うハイブリッド車はそれまでの「つなぎ」の技術にすぎないと考えられてきました。

しかし、ハイブリッド車はトヨタだけでも販売台数が700万台を突破し、各社合計で1000万台近い大市場に育ちました。いまはエコカーのメインストリームともいえる存在です。そのため、ディーゼル車で対応しようとしてきたヨーロッパの自動車メーカーもハイブリッド車の開発に参入していますが、トヨタやホンダに比べて大きく出遅れてしまっているというのが実態です。

実は、この話には後日談があります。環境対応で先頭を走っていたはずのハイブリッド車がアメリカで「環境対応ができていないクルマ」と認定されてしまったのです。より環境対策が進んだ電気自動車や燃料電池車でないと、販売にペナルティが科せられてしまいます。結果としてヨーロッパのメーカーは、電気自動車に力を入れることでエコカー開発の遅れを取り戻すチャンスを得ました。怪我の功名のようなものですが、いまから間に合うかどうかはまだわかりません。

一般論として、ゲーム・チェンジャーによる市場参入を無視したり放置したりするのは、リスクが高い対応です。

正面から戦う

では、正面から突破するという対応はどうでしょうか。前述したブリヂストンのリトレッドタイヤ事業がこれにあたります。

このリトレッドタイヤ事業がうまくいくかどうかはまだわかりません。しかし、どうせ他社に取られるぐらいなら、自分たちでやってしまおうというのは、それを放置するのと異なります。タイヤを「単品売り」で終わらせるのはなく、タイヤの「トータル・マネジメント」にまでつなげることができれば、シェアを高めることができます。あるいは、仮に新品のタイヤの販売本数を減らすことになったとしても、トータルでの利益は増やすことができるかもしれません。

また、富士フイルムのデジタルカメラ事業も、正面から戦った事例です。一時は成功しましたが、その後は苦戦しているというのが実態です。現在は、コンパクト・デジカメではなく、一部のハイエンド・デジカメにフォーカスして事業を継続しています。

このように、正面から戦うことは、無視したり、放置したり、様子見を続けたりするよりは現実的な対応だといえますが、リスクも高い戦い方です。

搦め手で戦う

搦め手で戦うという対応は、正面突破ではなく、自社の強みをそこに活かしていこうという対応です。前述した、野村證券のネットトレード、コマツのコムトラックスの事例が、これにあたります。

野村證券のネットトレードは、正面から同じ手法でネット証券会社と戦おうとはしていません。店舗や人材などの経営資源を抱えた野村証券が身軽なネット証券とコストで戦っても勝ち目がないからです。したがって、ネットを活用したサービスの充実ははかっていますが、現在のビジネスモデルにおいて抱えている優良顧客のフリンジ（周辺サービス）として展開することをねらいとしています。

また、コマツは、コムトラックスから得た情報を建設機械のアフターサービスや部品交換などに役立てています。これは、他社が簡単に真似できないだけでなく、顧客にとっても付加価値の高いサービスです。

コマツはこうした独自性を武器に、価格競争に陥っていた業界のなかで「非価格競争」に挑んでいます。今後はさらに建設機械のＩＴ化を高めていこうとしています。新たな競争相手とは正面からぶつからず、とはいっても自分の顧客は逃したくないという欲張りな戦略であり、賢い戦い方であるといえます。

逃げる

攻め込まれたときには、正面あるいは搦め手で戦うのではなく、そこから逃げる、あるいは戦いの場をずらすといった対応もあります。

前述したベルリッツの事例が、これにあたります。同社では、低価格プレーヤーからの攻撃をかわすために、戦いの場を、語学教育からビジネス教育に移そうとしています。

また、イオンが展開しているミニスーパー「まいばすけっと」も、同じ対応です。まいばすけっとは、コンビニエンスストアとほぼ同じ大きさのミニスーパーです。コンビニエンスストア事業で出遅れ、スーパーマーケット（ＧＭＳ）の不振を抱えているイオンにとっては、まいばすけっとの展開を通じて、戦いの場をずらすことで、市場を手に入れようとしています。

これら4つの対応のうち、「搦め手で戦う」「逃げる」といった方法が現実的な対応だといえます。無視したり、放置したり、様子見を続けたりしているだけでは、より厳しい競争環境に追い込まれてしまう恐れがあります。また、正面から戦うためには、劣勢を跳ね返す力が必要です。仮に、いずれの戦い方を選ぶにせよリスクが避けられないのであれば、少しでも勝ち目のある戦い方をすべきで、玉砕戦を挑むべきではありません。

おわりに――変化しない者は生き延びられない

異業種競争は、今後もさらに激化していくでしょう。そうした点では、何でもありの時代です。

変化すれば生き残れるかというと、それほど甘くないかもしれません。しかし、「変化しない者は生き延びられない」ということだけは確かです。

企業にとっては、どこに目をつけるかが、その事業の将来を決める重要な要素となってくるでしょう。

そうしたときには、まず、顧客視点で、既存事業の矛盾や消費者の潜在的なニーズ（アンメットニーズ）に着目することが必要です。本書でも、さまざまな事例を紹介しましたが、顧客の不満は宝の山です。

とはいえ、顧客が、まだ経験したことがないものに対してニーズを口にすることはありません。そうなると、企業が自分の視点でビジネスや戦い方を考えることが重要となります。企業視点で考えるときには、本書で提唱した「ゲーム・チェンジャーの4類型」の横軸か縦軸のどちらかひとつ（あるいは両方）を動かしてみてください。

- 顧客への価値提案は明確か（横軸に注目する）
- 現行のビジネスモデルを出発点としてどのような稼ぎ方が考えられるか（縦軸に注目する）

また、どちらも動かさずに、自社のビジネスプロセス（バリューチェーン）に着目する方法もあります。

一方、攻め込まれている場合は、相手の攻め方を冷静に分析して、違う打ち手で戦うことが有用です。なぜなら、相手と同じ戦い方をすると、既存企業のほうが失うものが多く、不利だからです。攻め手に対して逆襲する場合は、彼らの戦い方を理解したうえで、彼らが嫌がる戦い方で攻めるべきです。

やり方はいろいろあります。そして、あなたの身近なところにもたくさんの成功事例があります。

異業種競争は、決して他人事ではありません。自分事としてとらえ、実行に移す時代です。ぜひ実践で、これまでになかった、新しい事業の展開方法を考案してみてください。

また、一時的に成功したとしても、変化し続けなければ長続きできません。そのためには、常に自分たちの事業モデルを見直すことが重要です。

激変の時代だからこそ、チャンスがあります。

一歩、踏み出す企業や個人にこそ、可能性があるのです。

謝辞

２００９年、私は、本書でも紹介した『異業種競争戦略』という本で、従来の競争戦略論では説明できない、さまざまな戦いの実態を取り上げました。

その後、そうした競争がさらに増えています。新しい戦い方で業界を大胆に変えていくプレーヤーが多数登場してきており、本書で紹介した事例は、ほんの一部です。

こうしたプレーヤーを本書では「ゲーム・チェンジャー」と呼びましたが、彼らの戦い方を類型化することで異業種競争に直面している人たちの一助としたい、あるいは、さらに事業を飛躍させたいと考えている人たちへのヒントとしたいと考えたのが、本書を書こうと思ったきっかけです。

事例は、国内外問わず、取り上げました。私たちの身近にある国内の企業でも、大胆な戦略を取っている企業はたくさんあります。

私の経験からいうと、ほとんどの場合、答えはすでに皆さんが持っている、あるいは、皆さんがいまやっていることのなかにあります。前著でも紹介した言葉を、ここで再び、ご紹介しましょう。フランスの文学者、マルセル・プルーストの言葉です。

「本当の発見の旅とは、新しい土地を探すことではなく、新しい目でみることだ」

さて、本書は、私が所属する早稲田大学ビジネススクール内田ゼミのOB・OGによる勉強会が出発点です。今回、執筆にもあたってくれた岡井敏さん、糟谷圭一さん、増田明子さん（第2章）、劔持伊都さん、簗瀬裕子さん（第3章）、岩井琢磨さん、牧口松二さん（第4章）、岡田恵実さん、志賀祐介さん、花岡尚志さん（第5章）と多数の事例を持ち寄り、ディスカッションを重ねました。

なかでも、花岡さんが考案した「ゲーム・チェンジャーの4類型」のおかげで、本書のフレームワークは大きく進化したといえるでしょう。皆さんと一緒に構想段階から本書の完成までたどり着けたことをたいへん嬉しく思っています。

また、原稿段階から、同じく早稲田ビジネススクールの内田ゼミ生の皆さんにも目を通してもらいました。さまざまなアドバイスをしてくれたOBの城出武和さん、高村和久さん、さらには多数の現役ゼミ生に感謝します。

そして、前著『異業種競争戦略』と同様、日本経済新聞出版社の伊藤公一氏には、構想段階から全面的にサポートしていただきました。本当にお世話になりました。

本書は、こうした数多くの方々の支援やアドバイスのうえに完成したものです。あらためて皆さんに感謝の意を表したいと思います。

とはいえ、内容についての責任はすべて、編著者である私にあります。

日本企業はすぐれた技術をたくさん持っているが稼ぐのが下手だ、とよくいわれますが、本書をきっかけに、すぐれたプレーヤーがたくさん登場してきてほしいと願っています。

参考文献

石川温『グーグルVSアップル　ケータイ世界大戦』技術評論社、2008年。

内田和成『異業種競争戦略』日本経済新聞出版社、2009年。

大原ケイ『電子書籍大国アメリカ』アスキーメディアワークス、2010年。

尾崎弘之『「俺のイタリアン」を生んだ男』IBCパブリッシング、2014年。

中小企業庁『昭和58年版中小企業白書』1983年。

坂本孝『俺のイタリアン、俺のフレンチ』商業界、2013年。

ジョンソン、マーク『ホワイトスペース戦略』CCCメディアハウス、2011年。

ストーン、ブラッド『ジェフ・ベゾス　果てなき野望』(井口耕二訳) 日経BP社、2014年。

総務省『情報通信白書　平成26年版』2014年。

チェスブロウ、ヘンリー『オープン・サービス・イノベーション』(博報堂大学ヒューマンセンタード・オープンイノベーションラボ、TBWA博報堂監修・監訳) 阪急コミュニケーションズ、2012年。

内閣府『消費動向調査　平成26年3月実施』2014年。

内閣府『男女共同参画白書　平成26年版』2014年。

永江朗『菊地君の本屋』アルメディア、2000年。

根来龍之『事業創造のロジック』日経BP社、2014年。

平野敦士カール、アンドレイ・ハギウ『プラットフォーム戦略』東洋経済新報社、2010年。

文部科学省『学校基本調査報告書』１９９３－２０１４年。
山田英夫『逆転の競争戦略　第3版』生産性出版、２００７年。
山田英夫『なぜ、あの会社は儲かるのか？　ビジネスモデル編』日本経済新聞出版社、２０１２年。
山田英夫、大木裕子「出版業界における規模型中古品事業のビジネスモデル」『早稲田国際経営研究　No.41』早稲田大学ＷＢＳ研究センター、２０１０年、95－１１１頁。
山本梁介『１泊４９８０円のスーパーホテルがなぜ「顧客満足度」日本一になれたのか？』アスコム、２０１３年。
「アマゾンの電子書籍戦略を聞く」『朝日新聞ＤＩＧＩＴＡＬ』２０１４年12月４日　http://www.asahi.com/articles/ASGD2421VGD2UEHF008.html
「ＰＣ・スマホユーザーの必需品！　ＪＩＮＳ ＰＣはこうして生まれた」『ASCII.jp』２０１２年２月28日　http://ascii.jp/elem/000/000/673/673070/
「出版界の地殻変動を示す５枚のチャート」『EBook2.0Magazine』２０１４年３月27日　http://www.ebook2forum.com/members/2014/03/5-valuable-charts-show-the-trends-of-strucrural-change-1/
「ＳＯＮＹはなぜＧｏＰｒｏを作れなかったか？」『WEDGE Infinity』２０１４年８月１日　http://wedge.ismedia.jp/articles/-/4056
「物流施設　通販の急成長で建設ラッシュが続く」『エコノミスト別冊』２０１４年２月10日号、56－57頁。
「ヴィレッジヴァンガード　書籍と関連商品の併売ノウハウは編集技術」『月刊ベンチャー・リンク』１９９７年６月号、６－７頁。
「宿泊特化の業態進化」『月刊ホテル旅館』２０１３年10月号、39－41頁。

「ベンチャー発見伝　ヴィレッジヴァンガード　コーポレーション」『週刊ダイヤモンド』２０００年4月15日号、１３６－１３７頁。

「映像授業の台頭で４メガ時代へ塗り替わった業界の勢力図」『週刊ダイヤモンド』２０１２年２月25日号、70－73頁。

「価格を『見える化』　田中実氏（カカクコム社長）」『週刊東洋経済』２０１３年５月25日号、84－87頁。

「特集　新成長ビジネス１００」『週刊東洋経済』２０１３年９月14日号、59－60頁。

「急成長カーシェアの死角」『週刊東洋経済』２０１３年11月９日号、58－59頁。

「ヴィレッジヴァンガード全面研究」『商業界』２００６年３月号、30－75頁。

「小坂裕司　ヴィレヴァンを探検」『商業界』２０１４年３月号、15－23頁。

「トップインタビュー　山本梁介氏（スーパーホテル会長）」『消費と生活』２０１３年７－８月号、48－51頁。

「ヴィレッジヴァンガード　『連想ゲーム』的陳列が〝ついで買い〟を促す」『ストラテジック・マネジャー』２００７年４月号、12－14頁。

「スルガ銀行　独自モデルで高収益」『ダイヤモンド・オンライン』２０１３年10月18日　http://diamond.jp/articles/-/43168
「５つの『発見力』を開発する法　イノベーターのＤＮＡ」『ダイヤモンド・ハーバード・ビジネス・レビュー』２０１０年４月１日号、36－47頁。

「『アクションカメラの英雄』は１億ドルをどう使う？」『東洋経済オンライン』２０１４年５月21日　http://toyokeizai.net/articles/-/38235
「大和ハウスがユニクロと物流の新会社」『日経アーキテクチュア』２０１３年10月28日号、13頁。

「物流施設のサービス競争激化　ネット通販が伸び需要拡大」『日経アーキテクチュア』２０１４年９月10日号、40－51頁。

「どこでもストアお客のそばへ　魚屋さんはｉＰａｄの中」『日経ＭＪ』２０１３年1月4日1面。

「エンタープライズクラウド　本業縮小でクラウドに活路」『日経コンピュータ』２０１０年９月１日号、38－41頁。

「強い中小企業　ヴィレッジヴァンガードコーポレーション」『日経情報ストラテジー』２００４年３月号、１４６－１４９頁。

「トップインタビュー　山本梁介氏（スーパーホテル会長）」『日経情報ストラテジー』２０１１年４月号、22－26頁。

「デジカメの革命児『ＧｏＰｒｏ』　３００万台超を売った人気の秘密」『日経テクノロジー・オンライン』２０１３年2月25日　http://techon.nikkeibp.co.jp/article/NEWS/20130221/267332/?rt=nocnt
「街中の写真館の撮影料金　お芸術は高くつくもの？」『日経ビジネス』２００２年１月21日号、１３０－１３１頁。

「どこでもレンタル、車新時代」『日経ビジネス』２０１３年5月20日号、22頁。

「キティは仕事を選ばない」『日経ビジネス』２０１３年5月20日号、44－47頁。

「流通新勢力　驚きなしでモノは売れない」『日経ビジネス』２０１３年6月3日号、28－45頁。

「編集長インタビュー　西川光一氏（パーク24社長）」『日経ビジネス』２０１３年7月22日号、76－79頁。

「編集長インタビュー　山本梁介氏（スーパーホテル会長）」『日経ビジネス』２０１３年10月28日号、１３２－１３５頁。

「ブックオフ社長橋本真由美の『最強の現場の創り方』」『日経ビジネス・オンライン』２００６年11月22日～２００７年４月18日　http://business.nikkeibp.co.jp/article/manage/20061120/114054/
「『サービス業のブランド化　差別化は難しい』はウソか本当か?」『日経ビジネス・オンライン』２００８年７月９日　http://business.nikkeibp.co.jp/article/pba/20080619/162788/
「スタジオアリス『６月に七五三』で最高益」『日経ビジネス・オンライン』２０１２年６月14日　http://business.nikkeibp.co.jp/article/interview/20120612/233281/
「株式公開ニューフェース　木村昌次氏（スタジオアリス社長）」『日経ベンチャー』２００２年８月号、58－59頁。
「上場ニューフェース　ヴィレッジヴァンガード　コーポレーション」『日経ベンチャー』２００３年６月号、50－54頁。
「努力だけでは行き詰まる　自己否定で活路が開けた」『日経ベンチャー』２００８年３月号、15頁。
「融資断られ、決意新たに　キャリアの軌跡　高橋ゆき氏（ベアーズ専務取締役）」『日本経済新聞』２００９年４月13日夕刊９面。
「鴻海も投資　しぼむデジカメ市場の革命児」『日本経済新聞』２０１３年２月27日電子版　http://www.nikkei.com/news/print-article/?R_FLG=0&bf=0&ng=DGXNASFK25033_V20C13A2000000&uah=DF170520127708
「カーシェア遠出　値ごろに」『日本経済新聞』２０１３年12月25日朝刊33面。
「編集長インタビュー　山本梁介氏（スーパーホテル会長）」『バリュー・クリエーター』２０１１年９月号、８－15頁。
「ＬＩＮＥ、なるか決済革命」『日本経済新聞』２０１８年７月10日朝刊。

「Amazon Kindle/Fire の新製品体験会を開催」『PC Watch』２０１４年10月29日　http://pc.watch.impress.co.jp/docs/news/20141029_673692.html
「坂本孝社長が振り返る！　俺のフレンチ誕生の軌跡」『プレジデント』２０１３年4月1日号、24－33頁。
「ＳＯＮＹはなぜｉＰｏｄも GoPro も創れなかったのか？」『ＢＬＯＧＯＳ』２０１４年6月18日　http://blogos.com/article/88651/
「インタビュー　高橋ゆき氏（ベアーズ専務）」『ママリブ』　http://mamalive.com/interview/029.html
「経済フォーカス・開拓者たち」『読売新聞』２０１４年1月11日夕刊5面、1月25日夕刊5面。

■編著者紹介

内田和成（うちだ・かずなり）早稲田大学ビジネススクール教授。東京大学工学部卒。慶應義塾大学経営学修士（ＭＢＡ）。日本航空を経て１９８５年ボストンコンサルティンググループ（ＢＣＧ）入社。２０００年６月から04年12月まで日本代表を務める。06年には「世界で最も有力なコンサルタントのトップ25人」（米コンサルティング・マガジン）に選出された。06年より現職。

■執筆者紹介

岩井琢磨（いわい・たくま）早稲田大学ビジネススクール（ＭＢＡ）修了。株式会社顧客時間　共同ＣＥＯ／代表取締役。

岡井　敏（おかい・さとし）早稲田大学ビジネススクール（ＭＢＡ）修了。株式会社ゼネラルパートナーズ取締役副社長。

岡田恵実（おかだ・えみ）早稲田大学ビジネススクール（ＭＢＡ）修了。独立行政法人中小企業基盤整備機構勤務。

糟谷圭一（かすや・けいいち）早稲田大学ビジネススクール（ＭＢＡ）修了。日揮株式会社勤務。

劔持伊都（けんもつ・いと）早稲田大学ビジネススクール（ＭＢＡ）修了。ＪＳＲ株式会社勤務。

志賀祐介（しが・ゆうすけ）早稲田大学ビジネススクール（ＭＢＡ）修了。株式会社ハウステック勤務。

花岡尚志（はなおか・たかし）早稲田大学ビジネススクール（ＭＢＡ）修了。精密機器メーカー勤務。

牧口松二（まきぐち・しょうじ）早稲田大学ビジネススクール（ＭＢＡ）修了。株式会社博報堂勤務。

増田明子（ますだ・あきこ）早稲田大学大学院商学研究科博士後期課程。千葉商科大学准教授。

簗瀬裕子（やなせ・ひろこ）早稲田大学ビジネススクール（ＭＢＡ）修了。株式会社紀伊國屋書店勤務。

本書は、２０１５年1月に日本経済新聞出版社
より刊行した同名書を文庫化したものです。

日経ビジネス人文庫

ゲーム・チェンジャーの競争《きょうそう》戦略《せんりゃく》

ルール、相手《あいて》、土俵《どひょう》を変《か》える

2018年11月1日　第1刷発行

編著者
内田和成
うちだ・かずなり

発行者
金子 豊

発行所
日本経済新聞出版社
東京都千代田区大手町1-3-7 〒100-8066
電話(03)3270-0251(代)　https://www.nikkeibook.com/

ブックデザイン
鈴木成一デザイン室

印刷・製本
中央精版印刷

Printed in Japan　ISBN978-4-532-19878-7

nbb 好評既刊

ビジネススクールで身につける仮説思考と分析力

生方正也

難しい分析ツールも独創的な思考力も必要なし。事例と演習を交え、誰もが実践できる仮説立案と分析の考え方とプロセスを学ぶ。

つらい仕事が楽しくなる心のスイッチ

榎本博明

ポジティブ思考を作る、自身の強みを活かす、人の気持ちを引き出す……。円滑なビジネスに役立つ心理学のノウハウを人気心理学者が説く。

キャピタル 驚異の資産運用会社

チャールズ・エリス
鹿毛雄二＝訳

全米屈指の運用会社、キャピタル・グループ。その独特の風土や経営術、人材活用法で驚異の運用成績をあげるまでのドラマを描いた話題作。

投資賢者の心理学

大江英樹

なぜ投資家はみんな同じ失敗をするのか？ 行動経済学の視点から投資家の「心」にスポットを当て、投資で勝てない理由を解き明かす。

ビジネススクールで身につけるファイナンスと事業数値化力

大津広一

ファイナンス理論と事業数値化力はビジネスの基礎力。ポイントを押さえた解説と、インタラクティブな会話形式でやさしく学べる。